Annegret Heinen
EIN-KLANG

Annegret Heinen

EIN-KLANG

Harmonikale Mono-Tonie und Well-Feeling für Körper, Seele und Geist

REINHOLD KOLB VERLAG

Umschlaggestaltung: Kirsten Wennagel unter Verwendung eines Motivs von Sascha Mario Korbély

Bibliographische Information Der Deutschen Bibliothek
Die Deutsche Bibliothek verzeichnet diese Publikation in der Deutschen Nationalbibliographie; detaillierte bibliographische Daten sind im Internet über http://dnb.ddb.de abrufbar.

Kontakt zur Autorin:
Annegret Heinen
Institut für Gesundheit
Zürnstr. 5/1
88048 Friedrichshafen
Tel.: (0 75 41) 58 49 71
Fax: (0 75 41) 58 49 72
E-Mail: heinen_ifg@t-online.de
www.klang-therapie.de

Verlagsanschrift: Postfach 10 18 23, 68018 Mannheim
Satz: schreibwolf, Mannheim
Druck und Bindung: City-Druck, Heidelberg
Printed in Germany
ISBN 3-936144-21-4

Inhaltsverzeichnis

Mein Dank gilt allen, Bekannten wie Unbekannten,
die mit ihren Gedanken, Ideen, Gesprächen und Werken
an diesem Konzept teilhatten und -haben.

Mein persönliches Anliegen

Der Titel „EIN-KLANG“ ist ein von mir bewusst gewählter Begriff. EIN-KLANG bedeutet nicht: Gleich-Klang, denn nichts in der Natur klingt ‚gleich' dem anderen. Jedes Lebewesen hat seinen ihm eigenen Klang. EIN-KLANG bedeutet das harmonische Miteinander-Klingen, jeder in seiner Eigenart und an seinem Platz, aber so, dass das Ganze klingt wie EIN-KLANG: Das Orchester, das im Einklang musiziert, das Sportteam, das im Einklang spielt, die Familie, die im Einklang lebt, der Staat, der im Einklang blüht, der Körper, der im Einklang sich wohlfühlt und gesund ist.
Des Weiteren spricht Einklang ein akustisches Geschehen an. Damit erfolgt die Hinleitung auf die Möglichkeit des Einsatzes frequenzgesteuerter akustischer Information zur Erzielung von EINKLANG. In unserer Zeit, in der beispielsweise bei einem Menschen nicht nur ein, sondern zunehmend viele Krankheitssymptome gleichzeitig auftreten und zu therapieren sind, wird der Einsatz chemischer Mittel immer risikobehafteter und schwieriger. Informationstherapien, beispielsweise über akustische Information, sprich Klang, erhalten hier neue Aufmerksamkeit und Chancen.
Zum Dritten weist EINKLANG auf die spezifische Eigenart des hier vorgestellten Therapie-Konzeptes hin, das mit nur EINEM KLANG arbeitet.

Mein Anliegen ist es, einen Beitrag zu leisten, im großen wie im kleinen wieder in EINKLANG zu leben und die mancherorts arge Schieflage der Waage aufgrund zu vieler Missklänge durch Erinnerung an den EINKLANG wieder ins Lot zu bringen.

Mein Anliegen ist es, aufmerksam und neugierig zu machen, anzuregen zum Selbstausprobieren, zum Mitdenken, Weiterdenken, Weiterentwickeln, sich faszinieren zu lassen von EINKLÄNGEN.

Die Weltseele ist eine Tonleiter.
(Platon)

Jedes Atom singt fortwährend ein Lied. Und es ist dieser Ton, der in jedem Augenblick dichte oder feine Formen von größerer oder geringerer Materialität schafft.
(Lama Anagarika Govinda)

Vorwort

Liebe Leserinnen und Leser,

ich möchte mich vorab nicht über die „schlechten Zeiten“, das „drohende Umweltchaos“, die „verstaubte und erstarrte Schulmedizin“ oder ähnliches auslassen. Mir geht es darum, den großen Rahmen abzustecken, um das Leben, um die Lebendigkeit und seine Qualität.

„Was ist für Sie persönlich das Wichtigste in Ihrem Leben?“ Laut Umfragen antworten die meisten Menschen – und sie wünschen es sich noch vor dem „ALT“werden: „GESUNDHEIT“. – Für mich ist das verständlich, denn Gesundheit bedeutet Leben, bedeutet Lebendig-Sein. Mit Leben ist Kommunikation aufs engste verbunden. Lebendigkeit ohne Kommunikation, ohne Vernetzung, ohne Reiz-Reaktion ist nicht denkbar. Dieser Planet Erde hat aufgrund seiner Beschaffenheit für uns Menschen eine besondere Art der Kommunikation, der Informationsübermittlung, ermöglicht: die Erdatmosphäre, die Luft, ist Trägersubstanz für Schall, und somit können hörbare Reize zum Kommunikationsmedium werden: Sprache, Musik – sie begleiten das Leben, den Menschen, seit Anbeginn.

Lebendig sollte auch dieses Buch sein und bleiben. Ich möchte dies mit Hans Peter Richter sagen: *„Was ich vorbringe, ist meine Meinung heute und hier. Nur einen einzigen Zeitpunkt konnte ich herausgreifen: gestern habe ich noch manches anders gesehen* („gehört“, d. Autorin), *und morgen werde ich vermutlich zu neuen Schlüssen kommen. Meine Auffassungen entwickeln sich; sie sind fortwährendem Wandel unterworfen.“* – In diesem Sinne freue ich mich über jede Rückmeldung, Erweiterung, Gedankenquerverbindung und Anregung.

Annegret Heinen

I. KlangKommunikation

1. Der Hörmensch – Im Anfang war das Wort

Die Frage nach der Definition „Mensch" – „was ist der Mensch" ist zu allen Zeiten gestellt und unter mehr oder weniger persönlichen Gesichts- und Weltanschauungspunkten beantwortet worden. Der biologisch/physikalische Aspekt: Der Mensch ist ein „komplexes, offen kybernetisch arbeitendes System" führt zum Thema Kommunikation und Information. Ein offen kybernetisches System ist nichts anderes als ein „lebendiges" System, das Informationen aufnehmen, verarbeiten und weitergeben kann: kommunizieren kann – intern wie extern. Konkret: der Mensch nimmt ständig Reize, d.h. Information, auf, filtert, reagiert, gibt ständig Information weiter. Er steht in Dauerkommunikation mit seiner Umwelt wie mit seinem eigenen Gesamtsystem Körper, Seele und Geist. Empfangsstation für eingehende Informationen sind die 5 Sinne sowie der 6. und der 7. Sinn, die emotionale und die mentale Intuition (vgl. Abb. 6). Jedes Sinnesorgan hat seine spezielle Gewichtung aufgrund der ihm eigenen Transformations- bzw. Filtereigenschaften im Gesamtsystem. Uns umgebende Informationen in Form von Schwingungen, Wellen, Frequenzen werden uns über den Transformator/Filter ‚Sinnesorgan' überhaupt erst bemerkbar, bewusst gemacht und erlauben dem Menschen damit erst eine bewusste Entscheidung darüber, ob er sich mit diesem Reiz, dieser Information beschäftigen will oder nicht.

Dabei kommt dem Hören eine besondere und zwar existentielle Bedeutung zu: die Lebenssicherung. Betrachtet man die Situation des Urmenschen, so ist sein Leben von seinem Gehör abhängig. Der Feind ist in der Ferne und der Nacht zuerst hörbar, bevor er zu sehen ist. Im Dunkel, selbst im Schlaf, lässt sich das Ohr nicht verschließen, es bleibt der Wächter, das Frühwarnsystem, während sich das Auge schließt. Das

Hören vermittelt zudem Raumorientierung: woher kommt der Laut, wie weit ist er entfernt.
Dieser gesamten existentiellen Bedeutung trägt selbst die embryonale Entwicklung Rechnung. Mit der Haut, dem Fühlen, entwickelt sich das Gehör als erstes Organ. Bereits in der 6. Schwangerschaftswoche wird das äußere, mittlere und innere Ohr angelegt und bereits ab der 16. Woche ist die Hörwahrnehmung voll entwickelt. – Differenzierte visuelle Reize sind dagegen erst Wochen nach der Geburt möglich.

Neben Existenzsicherung und Raumorientierung liegt die Bedeutung des Hörens in der Entwicklung von Sprache und Bewusstsein, von (bewusster) Informationsübermittlung – Kommunikation. *„Das Ohr ist das Tor zur Welt."* (H.-H. Decker-Voigt)

Im Mittelalter wurde die Bedeutung des Hörens für den Menschen aufgegriffen in der „Sage" von den Panotiern („ganz Ohr sein"), einem Stamm, der in den Steppen Skythiens, am Ende der bekannten Welt leben sollte und Ohrmuscheln so groß wie Flügel haben sollte. Ebenso zeugen die Darstellungen von der „Geburt aus dem Ohr" („conceptio per aurem") von der Wichtigkeit, die diesem Sinnesorgan beigelegt wurde.
Viele religiöse, weltanschauliche Betrachtungsweisen überall auf der Erde verbinden die Entstehung der Welt mit dem Wort, dem Klang ihres Gottes. Nach altindischer Überlieferung ist der reine Klang die erste Manifestation des Schöpfungsgedankens Brahmas. In den Upanishaden (Geheimlehren) ist es der Urklang, der Urton, der in ein Ei eingeschlossen wird, aus dem die Welt entsteht. Auch der ägyptische Mythos beschreibt die schöpfende singende Sonne. Bei vielen Urvölkern ist die Vorstellung einer Welt als Klangschöpfung zu finden. In der biblischen Schöpfungsgeschichte heißt es: *„Im Anfang war das Wort. Und das Wort war bei Gott. Und Gott sprach: Es werde Licht."* Hier sei angemerkt, dass „Wort" die Übersetzung des griechischen „logos" ist. Dem Begriff des logos liegt ursprünglich eine so tiefe und weite Bedeutung

inne, die die heutige Bedeutung von „Wort“ nicht unbedingt ganz erfasst: in ‚logos‘ liegt eine Ahnung von Vernunft, ordnendem Prinzip, dem, was hinter/über allem steht, – reine Information?

2. Kommunikation und Information

Die Entwicklung von Raumorientierung, von Sprache und Bewusstsein ist evolutionär wahrscheinlich weitgehend abgeschlossen und die Fähigkeiten liegen als Pool bereit. Die Thematik der Kommunikation und Informationsübermittlung ist heute in den gesellschaftspolitischen Mittelpunkt gerückt: ‚Informationszeitalter‘, ‚Kommunikationsgesellschaft‘ sind die Schlagworte.
Information (lat. in-formare = in Form bringen) ist der Zentralbegriff, der sich beispielhaft verdeutlichen lässt: in der Phantasie, in den Gedanken des Architekten liegt die Information als Vorstellung „Haus“. Diese Information lässt nachfolgend den bildlichen Plan des Hauses entstehen. Über den Informationsträger Zeichnung wird die immanente Information durch den Handwerker zur festen Struktur, zum Haus.

$$E \underset{I_2}{\overset{I_1}{\rightleftarrows}} M$$

Abb. 1: Fließgleichgewicht n. Dr. Heinen: E = Energie, M = Masse, I = Information

So ist auch die obige ‚Formel‘ interpretierbar (vgl. Einstein’sche Formel: $E = mc^2$). Ein Fließgleichgewicht von freier Energie und strukturierter Energie = Masse wird über Information als 3. Größe gestaltet. Dieser Vorgang ist in beide Richtungen möglich. Es herrscht ein fließender Zustand zwischen

Chaos – Strukturierung – Masse/Struktur – Destrukturierung – Chaos. Merkmal der Information ist, dass sie nicht zu isolieren ist, sondern lediglich über den Träger und das Resultat zu definieren und deuten ist.
Das bedeutet, Information hat so lange Wellencharakter, bis sie auf einen Resonanzkörper trifft und dort Korpuskelcharakter annimmt.
Ein Laut, ein Ton ist aus dieser Sicht Informationsträger, Vermittler zur Strukturbildung bzw. -auflösung.

Abb. 2: Fließgleichgewicht n. Dr. Heinen: E = Energie, M = Masse, I = Information

Der Informationsgehalt wird durch den Informationsträger zielgerichtet geleitet. Zu deuten und zu definieren und erfahrbar zu machen ist er an der Reaktion des Empfängers. Es besteht in lebenden Systemen ein ständiges Senden und Empfangen von Informationen, kontrolliert durch ständiges Feedback.

In diesem Zusammenhang erhält der Begriff der *Resonanz* seine Bedeutung. Information wird optimal, d.h. in ihrer vollen Bedeutung vermittelt, wenn der Empfänger maximale Resonanz besitzt; d.h. ganz einfach, wenn Sender und Empfänger die ‚gleiche Wellenlänge' haben, die ‚gleiche Sprache' sprechen. Physikalisch verdeutlicht dies der Stimmgabel-Effekt: Eine klingende Stimmgabel versetzt eine stumme (gleichgestimmte) Stimmgabel in Schwingung.

„Hör"-Information, Schall, nimmt in der menschlichen und zwischenmenschlichen Informationsvermittlung eine Sonderstellung ein. Sie ermöglicht ein unmittelbares, bewusst wahrnehmbares Feedback und damit zusätzlich zur unbewussten Reaktion bewusste Kontrolle und Reaktion.

Schall ist an das Trägermedium Luft gebundene Information. Physikalisch gesehen ist der Hörreiz eine Welle, eine Schwingung, eine Schwankung des Luftdruckes.

Bei der Explosion eines Knallfrosches breitet sich eine Kugelschale komprimierter Luft nach allen Seiten gleichmäßig aus, es knallt. Dabei bewegen sich die Moleküle der Luft parallel zur Ausbreitungsrichtung der Welle. Man definiert diese Wellenart als Längs- oder *Longitudinalwelle*.

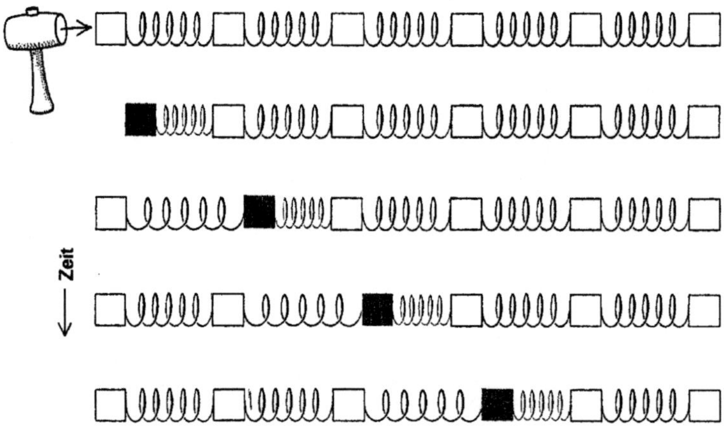

Abb. 3a: Longitudinalwelle

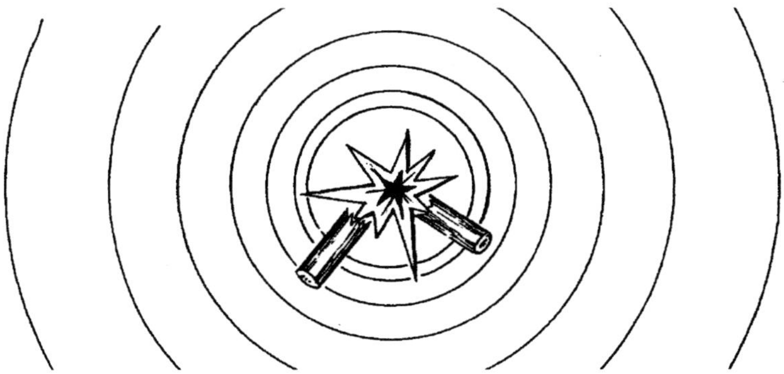

Abb. 3b: Kugelschale

Eine Transversalwelle hat die Eigenschaft ellipsoid/senkrechter Bewegung der Teilchen zur Ausbreitungsrichtung der Welle.

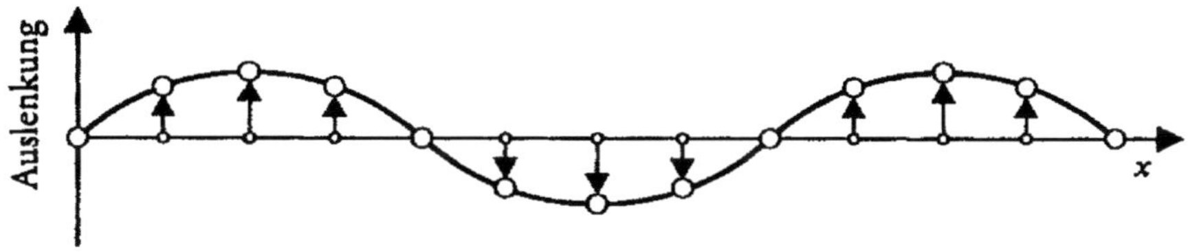

Abb. 4: Transversalwelle

Die heutige Physik trennt noch Longitudinal- und Transversalwellen und ordnet diese bestimmten Frequenzbereichen zu wie dem elektromagnetischen oder akustischen Bereich. Es wäre aus meiner Sicht jedoch logisch, wenn jede Schwingung beide Wellenanteile in sich trüge. Die Messgeräte, ausgelegt ausschließlich für einen definierten Bereich, scheinen den jeweils anderen Aspekt der Welle nicht messen zu können (vgl. „Doppelspaltversuch").

Schall wird mechanisch erzeugt. Kurzzeitige, transiente Anregung erzeugt sog. *transiente Wellen*. Diese haben einen erhöhten Aufmerksamkeitswert (Knall, Schuss).

Geschieht die Komprimierung des Luftdruckes in einer bestimmten *Periodizität*, so entsteht ein *Ton*. Dieser wird über seine Periodizität pro Sekunde definiert, seine *Frequenz*. Die Darstellung zeigt einen Ton als (technische) Sinusschwingung und demgegenüber als natürliche Schwingung.

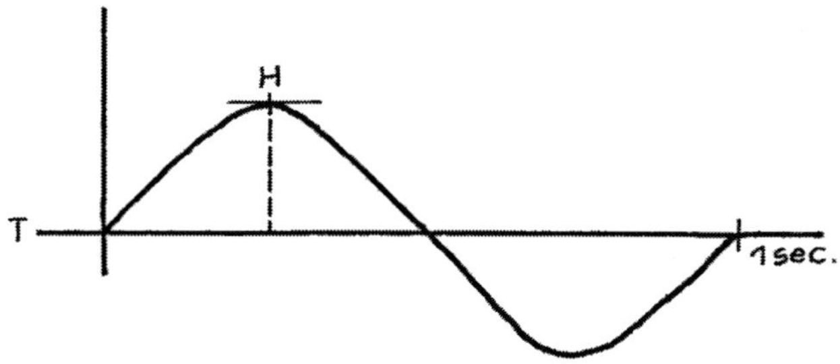

H = Amplitude, maximale Auslenkung
T = Zeit in Sekunden
F = Frequenz, Anzahl der maximalen Auslenkungen pro Sekunde, Einheit in Hertz

Abb. 5a: (technische) Sinusschwingung

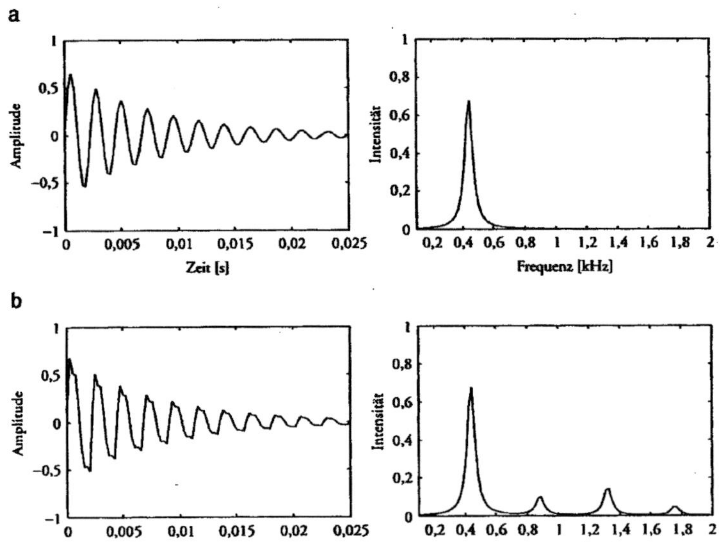

Abb. 5b: technische + natürliche Schwingung

Reine Sinusschwingungen sind in der Natur nicht zu finden. Natürliche Geräusche und Töne, Vogelzwitschern, Meeresrauschen, Töne „natürlicher Instrumente“ wie Gongs, Trommeln, Glocken, Naturflöten, Klangschalen sind Summationen von Sinusschwingungen. Das heißt, zur Grundfrequenz schwingen darüber liegende Frequenzen mit, sog. *Partialtöne.* Schwingen diese Partialtöne in harmonikalen Verhältnissen zur Grundfrequenz, vornehmlich als ganzzahlige Vielfache der Grundfrequenz, spricht man von *Obertönen* und hört harmonische Töne, besser: *harmonikale Klänge.*

Die *Schallintensität,* die *Lautstärke,* gemessen als *Amplitude,* lässt mit der Entfernung vom Sender nach, weil eine Dämpfung der Amplitude erfolgt. Die Frequenz, die Qualität und Grundinformation bleibt unverändert und erhalten, auch durch unterschiedliche Materialien hindurch. Möglicherweise ergibt sich eine Transformation in eine andere „Wellenart“, wenn man das physikalische Gesetz bedenkt, dass keine Energie verloren geht und sich die Obertonreihen unendlich in den Hochfrequenzbereich fortsetzen. – Oder aber: ein Wellenanteil entzieht sich der Beobachtung durch das in diesem speziellen Frequenzbereich angewandte Messverfahren zugunsten seines komplementären Anteils, wobei dieser Anteil lediglich dem Messverfahren verborgen ist, nicht aber generell.

Vom Schall-Sender erfolgt eine Information, d.h. eine bestimmte Schwingung, Frequenz wird ausgesendet. Diese Information kann ungezielt wie auch gezielt auf einen Empfänger hin erfolgen. Werden beim Empfänger spezifische entsprechende Empfangsrezeptoren angesprochen, so wird eine Resonanz aufgebaut und es erfolgt ein deutliches Feedback. Schwingungen, die in einem Frequenzbereich von ca. 16 Hz bis ca. 20.000 Hz liegen, einem Bereich von ca. 10 *Oktaven,* nimmt der Mensch als Hörreiz wahr. Eine Oktave (lat. octo – acht) entspricht musikalisch dem Bereich von 8 Ganztönen der Tonleiter:

C – D – E – F – G – A – H – C

Die Bewältigung der Vielzahl von möglichen Schallwellen, die den Menschen zur Resonanz anregen könnten, gelingt durch immanent angelegte Selektions- und Filtermechanismen im menschlichen Lebenssystem. Bestimmte Rezeptoren haben maximale Resonanz und geben verstärkt Feedback über die folgende Reaktion. Aus der menschlichen Gesamtreaktion lässt sich die Art und Stärke der Information ablesen. Da der Mensch dazu tendiert, ein lebendiges (kein starres!) Gleichgewicht zu erhalten, beschreibt die Reaktion den Gesamtstatus als „das tut mir gut/nicht gut" – „ich fühle mich wohl/nicht wohl".

Jeder Reiz, jede Information, die grundlegend zum Ausgleich, zum Gleichgewicht, zur Harmonie, zur Stabilisierung im Stoffwechselgeschehen, d.h. im Gesamtorganismus führt, wird zur Resonanzverstärkung angezogen. Es erweist sich, dass, bezogen auf den Bereich Hör-Information, sogenannte harmonische Schwingungen, Töne, und harmonische Abstände zwischen den Tönen, die sogenannten klassischen *Intervalle*, verstärkt Resonanz erzeugen. Diese Schwingungen definieren sich im Hörbereich als die Grundtöne der Tonleiter C – Cis – D – Dis – E – F – Fis – G – Gis – A – Ais (B) – H und den Intervallen Oktave, Quinte, Quarte und Terz. Dass dieses grundlegende menschliche Harmonieempfinden nicht willkürlich und gänzlich individuell ist, wird verständlich, wenn man erkennt, dass makro- wie mikrokosmische Schwingungsfrequenzen, mathematisch umgerechnet und in den Hörbereich transponiert, vielfach diesen Grundtonfrequenzen entsprechen (vgl. ‚kritische Bandbreite' Kapitel Grundton-Wirkungen).

Aus der Rotation der Erde um die eigene Achse (1 Tag mit 86.400 sec) errechnet sich eine Frequenz von 0,0000115574074 Hz. Mittels des Gesetzes der *Oktavierung* (Oktavierung = Verdoppelung/Halbierung der Grundfrequenz) gelangt man in der 23. Oktave zum Ton G mit 97,09 Hz (Kammerton 435,92 Hz). Bei weiterer Oktavierung erklingt das G in immer höherer Frequenz, bis es den Hörbereich verlässt.

In der 65. Oktave taucht es als Farbwahrnehmung Rot mit 427 Billionen Hz wieder auf, um im Ultrafarbbereich zu verschwinden. In der 66. Oktave resoniert es mit der DNS, deren Resonanzmaximum nach Prof. F. A. Popp bei 351 Nanometer liegt. Schwingungsfrequenzen von Molekülen oder Atmospherics (elektromagnetische Impulse in der Erdatmosphäre) finden ihre Entsprechung in den Grundtönen, wenn man sie mittels des Oktavierungsgesetzes transformiert. Das Gesetz der Oktave ermöglicht die Kommunikation, Analogiebildung und den Vergleich zwischen den verschiedensten Frequenz- und Wahrnehmungs- oder Messbereichen.
„Das Gesetz der Oktave ist jener Grundsatz, an welchem die Mathematik und die Musik gleichen Anteil haben. Es ist jene Formel, mit welcher es möglich ist, astronomische und musikalische Formeln zu verbinden, Astronomie, Mathematik und die Musik, ja auch die Farben, auf einen gemeinsamen Nenner zu bringen“ (Cousto/Pauschel) – d.h. unser gesamtes Universum „hörbar“ zu machen.
„Es ist in der Natur nichts schön, was nicht naturgesetzlich als wahr motiviert wäre.” (Goethe)

3. Ton und Farbe

Jedes Sinnesorgan übernimmt die Informationsaufnahme eines bestimmten Frequenzbereiches, wobei ‚Kombinationen' zur Sicherung und Kennung vorkommen. Dies ermöglicht die umfassende Aufnahme aller Umweltreize, die für das jeweilige Lebewesen und seine Existenz von Bedeutung und lebensnotwendig sind.
Das Objekt „Stein“ wird vom Menschen über Tast- und Sehsinn erkannt, das Objekt „Auto“ über Seh-, Hör-, Tast- und Geruchssinn.

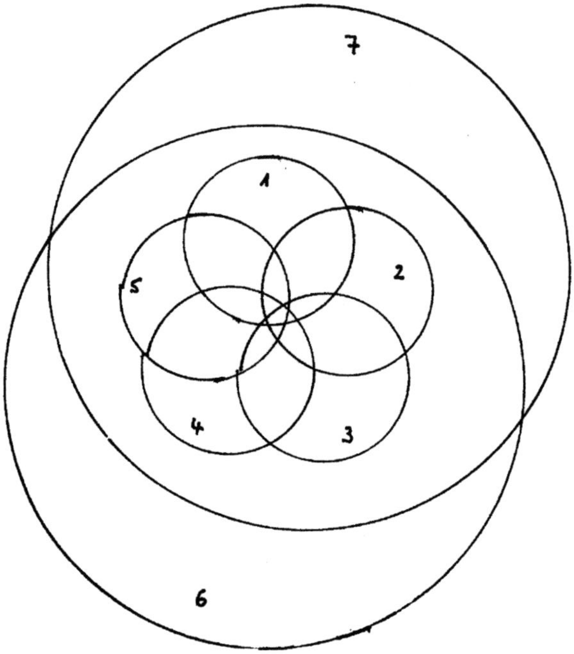

Abb. 6: Frequenzmäßige Erfassung der „Wirklichkeit" über die Sinnesorgane – 5 Sinne: Fühlen, Hören, Sehen, Schmecken, Riechen + 6. Sinn: „Gefühls-Sinn" über Bauch-/Urhirn, Solarplexus-Chakra = „emotionale Intuition" + 7. Sinn: „Erkenntnis-Sinn" über Denk-Hirn, Scheitel-Chakra = „geistige, mentale Intuition"

Ton- und Farbfrequenzbereich liegen zwar weit auseinander, sind aber engstens miteinander verbunden durch das Gesetz der Oktave.

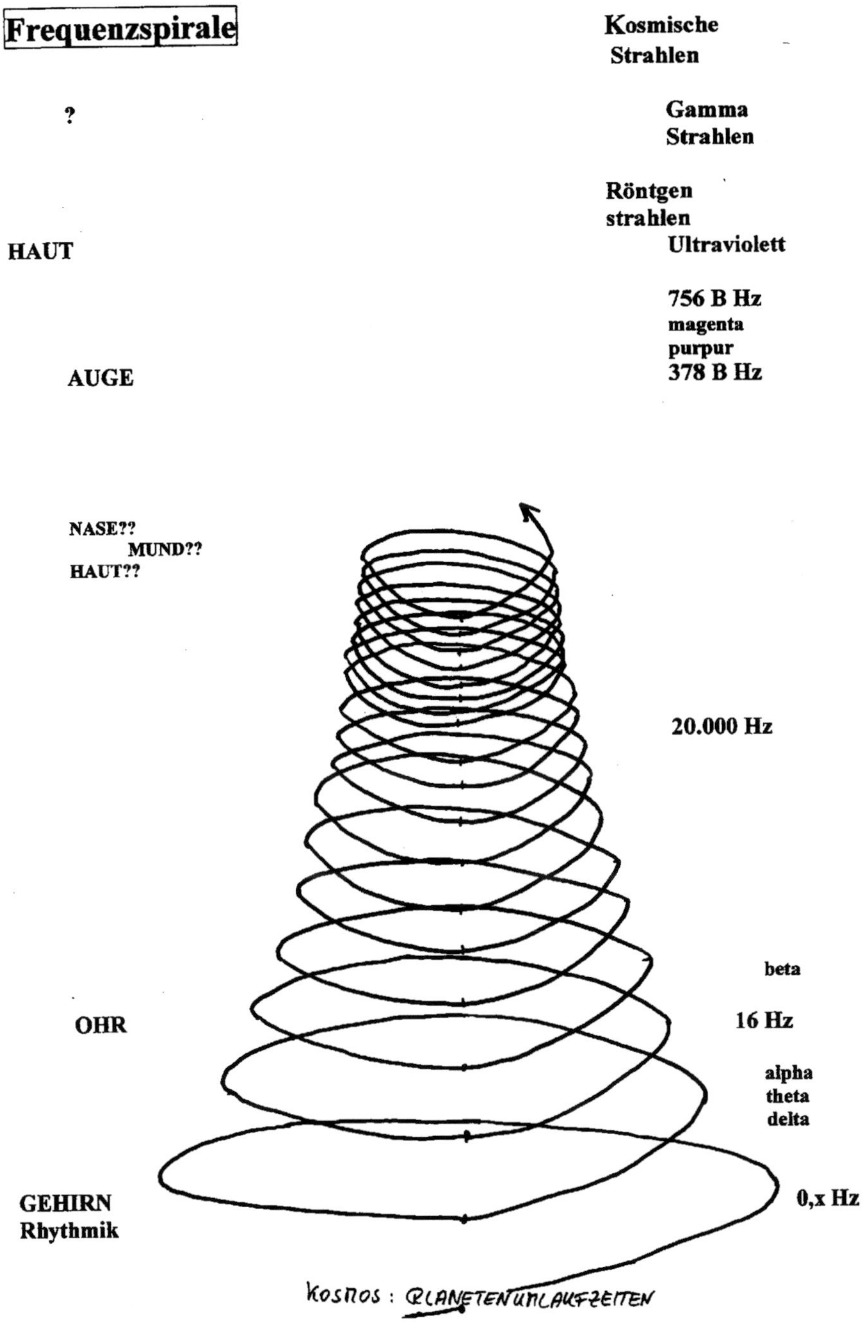

Abb. 7: *Schwingungswirklichkeit als Spirale*
„*La spirale, c'est la vie.*" (Teilhard de Chardin)

Jeder Grundtonfrequenz lässt sich eine entsprechende Farbfrequenz zuordnen. Die 12 Grundtöne erhalten ihren analogen Spektralfarbton. Das bisher angewandte aufwendige Verfahren der Oktavierung kann, basierend auf der Oktave f = 86 Hz – f' = 172 Hz, durch Verwendung des direkten Umrechnungsfaktors 4,398 (Billionen) stark vereinfacht werden (M. Bitterli).

F	86 Hz	Magenta
Fis	90 Hz	Scharlach
G	96 Hz	Rot
Gis	102 Hz	Orange-Rot
A	108 Hz	Orange-Gelb
Ais/B	114 Hz	Gelb
H	120 Hz	Gelb-Grün
C	128 Hz	Grün
Cis	136 Hz	Türkis
D	144 Hz	Blau
Dis	154 Hz	Indigo
E	164 Hz	Violett
F	172 Hz	Purpur

Ton-Farb-Skala aufgrund mathematischer Berechnung

Aus der Ton-Farb-Skala ist ersichtlich, dass der Ton F als einziger Ton eine doppelte Farbbelegung erhält. Hier liegt der Schluss nahe, dass der „Farbkreis“ kein Kreis, sondern eine Spirale ist, und folglich die natürliche Grundtonreihe mit F statt mit C beginnen könnte, zumal die Stimmung auf C mit den technischen Möglichkeiten in den Anfängen der Entwicklung der Tasteninstrumente zusammenhängt. Die Chinesen stimmten bereits vor 5000 Jahren ihre Instrumente auf der Basis des Grundtones F. Seine Wirkung wird umschrieben mit „froh, heiter im Geiste“ (die sich öffnende Spirale!). F ist ein ‚Erdenton' (vgl. Cousto: orphische Töne), der platonische Jahreston, errechnet aus der extrem langsamen Kreiselbewegung der Erdachse (ca. 25.780 Jahre).

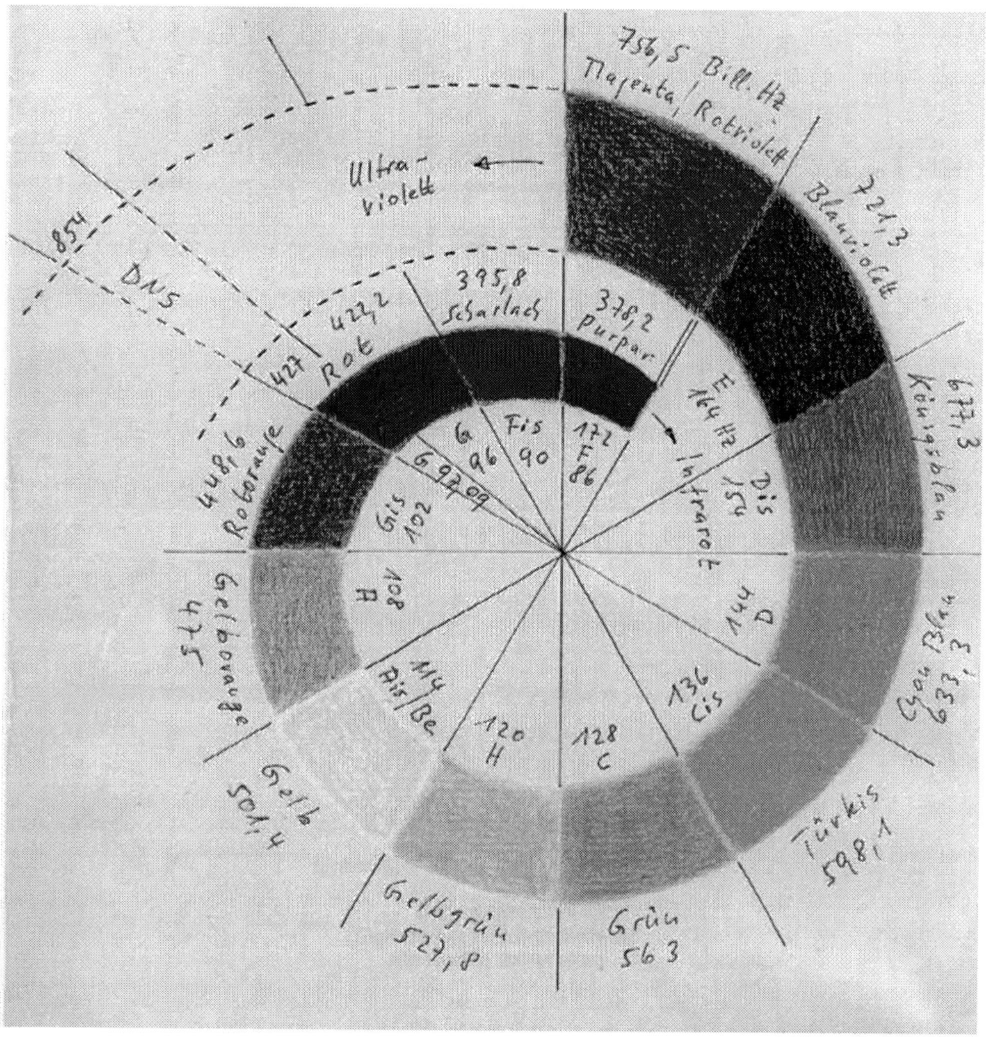

Abb. 8: Ton-Farb-Spirale – Zeichnung M. Bitterli, Schweiz

Bei der Betrachtung der Farb-Klänge in der Spirale unter geometrischem Aspekt, insbesondere der dreiecksbildenden Farben und ihrer Beziehung zu den Grundtönen, wird die musikalisch-harmonische Intervall-Beziehung deutlich sichtbar.

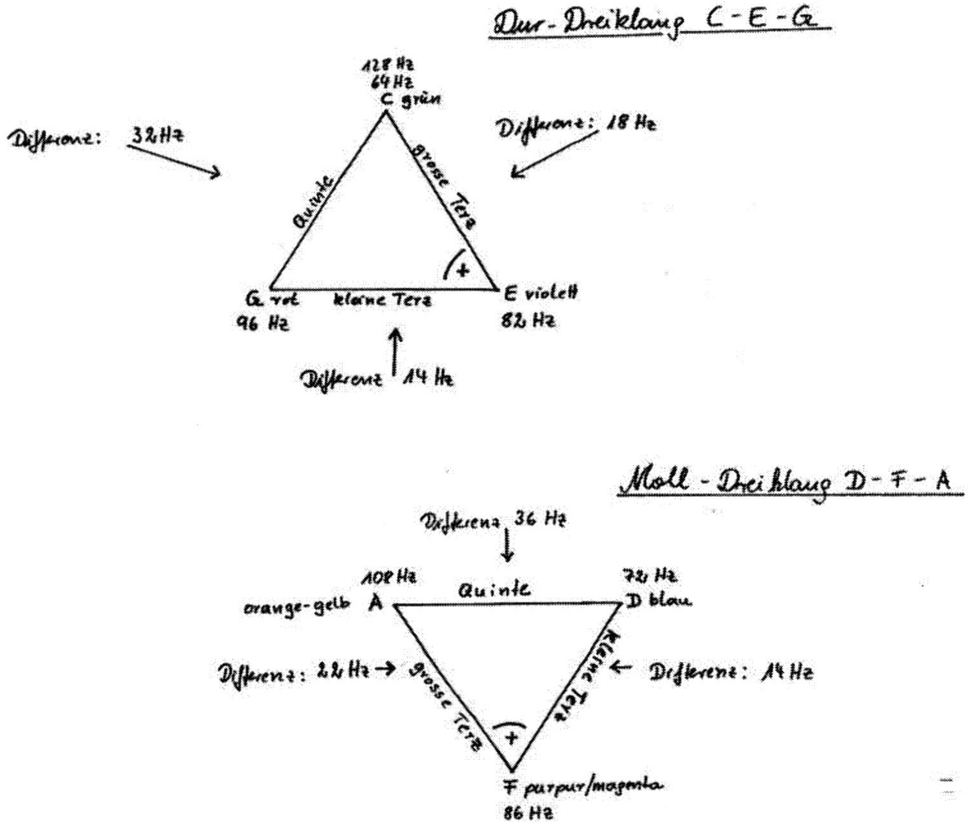

Abb. 9: Ton und Farbe in ihrer „Dreiecksbeziehung“

4. Medizin-Kommunikation

Zwischenmenschliche Kommunikation besteht aus einem Geflecht von Beziehungen auf unterschiedlichen Ebenen. Körper, Seele und Geist kommunizieren gleichzeitig unabhängig und vernetzt miteinander. Über die Sinnesorgane eingehende Informationen werden körperlich wie seelisch und geistig verarbeitet und beantwortet. Schallinformation, d.h. Sprache und Musik, nehmen innerhalb menschlicher Kommunikation eine äußerst wichtige Stellung ein. Allein die Tatsache, dass Schall mit der Entfernung an Intensität verliert, erfordert von Natur aus „menschliche" Nähe der Kommunikationspartner. Schall als Informationsträger ermöglicht den Aufbau eines hochsensiblen, direkten, gezielten, schnellen Informationsaustausches zwischen Sender und Empfänger. Resonanz, Reizbeantwortung und damit Feedback sind unmittelbar möglich.

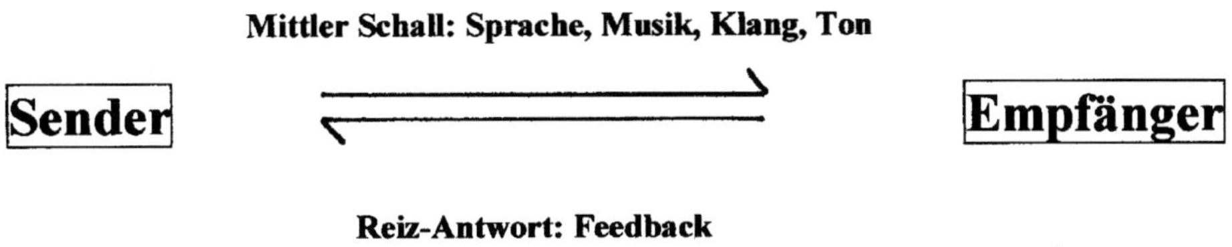

Abb. 10: Akustische Kommunikation

Je komplexer die Information, desto komplexer ist die erforderliche Reizbeantwortung. Eine Rede oder ein Konzert erfordert ständige Reizaufnahme und Beantwortung in unterschiedlichster Weise. Neben der rein sachlichen, fachlichen, analytischen, rationalen Verarbeitung des Verstandes läuft parallel die seelische, stimmungsmäßige Reizverarbeitung über Gefühle und die der Körperempfindungen und nachfolgend die geistige Verarbeitung als Resümee.

Ein spezielles Kommunikationsfeld ist die medizinische Kommunikation.
Bei unseren Vorfahren und Naturvölkern ist diese dominiert von Intuition. Wissen und Hilfsmittel spielen im therapeutischen Geschehen eine sekundäre Rolle. Die therapeutischen Handlungen sind neben Berührung vor allem akustischer Natur: das Kranke wird besungen, bespielt, besprochen. Die Heilbehandlung ist in das Verständnis von Natur und Welt und Religion einbezogen, sie findet in einem Rahmen statt, der geprägt ist von persönlichem Einsatz, von Konzentration, Intuition, individueller Zuwendung und kommunikativer Nähe.

Mit fortschreitender Entwicklung, wachsenden sozialen Zellen, von der Sippe zur Massengesellschaft, mit Kultivierung und Technisierung ist die Medizin-Kommunikation heute geprägt durch eine Dominanz der Faktoren ‚Wissen' und ‚Hilfsmittel'.
Die ‚Nähe' erfordernde akustische Heilbehandlung ist in Nischen verschwunden: Als Teilgebiete der Psychotherapie z.B. in Form von Hypnose und Musiktherapie. Dafür haben sich Geräte und Hilfsmittel zwischen Therapeut und Patient geschoben. Die Masse und die Ökonomie beeinflussen die therapeutische Situation: auch hier das Problem der Reizüberflutung; Intuition und Konzentration sind erschwert, ebenso der persönliche individuelle Einsatz. Es herrscht Distanz.

Medizin - eine spezielle Kommunikation

Mutter und Kind

FRÜHER		**HEUTE**	
Diagnose: Intuition, Wissen		**Diagnose:** Intuition, Wissen, Geräte	
Therapie: *INTUITION,* Wissen, Hilfsmittel		**Therapie:** Intuition, WISSEN, *HILFSMITTEL*	
Besprechen, Bespielen, Besingen	Klang-Information OHR	Heilhypnose, Psychotherapie, Musiktherapie	Klang-Information OHR
Handauflegen, Wiegen	Berührung HAUT	Massage, Wärmeanwendung	Berührung HAUT
Natürliche Heil/Hilfsmittel: Kräuter, Talisman		natürliche / technische Heil/Hilfsmittel Kräuter, chemische Medikamente, Massagegerät, Bestrahlungsgerät, EKG, Ultraschall, Labor	
Kommunikation:		**Kommunikation:**	
NÄHE, Face-to-Face-Behandlung, persönlich, in Natur und Religion eingebunden, Intuition, Konzentration, individuell-persönlicher Einsatz, wenig Außenreize, Ablenkung		DISTANZ, Masse, neutral in Bezug zur Religion, intellektuelles Wissen, Intuition und Konzentration erschwert, Massenpraxis, KH, Ökonomie, Technik, Rezept	

Abb. 11: Medizin – eine spezielle Kommunikation

Bei dieser Schwarzweißmalerei ist die Verteilung der Wertigkeiten zu erkennen und es wird bewusst, dass im therapeutischen Geschehen Nähe, Individualität und Intuition weit in den Hintergrund geraten sind.
Ist es möglich, diese heute neu zu beleben?

5. Der Ton als Mittler im therapeutischen Geschehen

Die heutige Gesellschaft ist eine Kommunikations- und Informationsgesellschaft.
Betrachtet man die der Urgesellschaft bewusste evolutionär bedingte immense Bedeutung akustischer Informationsvermittlung, so lässt sich an dieser Stelle der Brückenschlag meistern: in der Aufwertung und Verbindung aus Information und Klang.

Wie ist es heute sinnvoll und möglich, das therapeutische Geschehen im ursprünglichen Sinne von Nähe und Individualität neu zu beleben?

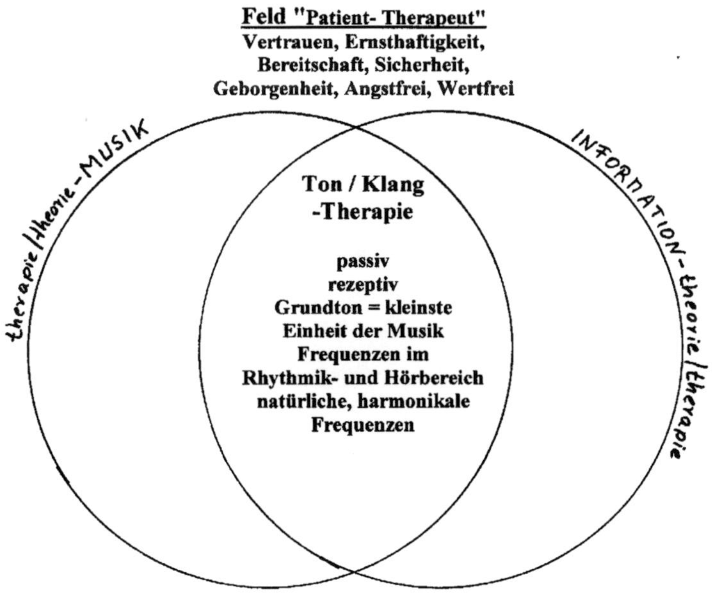

Abb. 12: Ton-/Klangtherapie als Schnittmenge

In der Schnittmenge von Musik- und Informationstheorie und -therapie erscheint ein Spezialfall akustischer Informationsvermittlung, der in der medizinischen Kommunikation sinnvolle Anwendung finden kann. Im Bereich der passiven, rezeptiven Musiktherapie angesiedelt, wird die kleinste Einheit der Musik, der Ton, als Informationsträger ausgewählt. Informativ gesehen werden Frequenzen aus dem Rhythmik- und Hörbereich, speziell natürliche, harmonikale Töne ausgewählt.

Dies unter dem Aspekt, dass harmonikale Schwingung/Information harmonikale Struktur in der Materie hervorruft (vgl. Grundprinzip der Harmonik).

Vorteil und Nutzen dieser Schnittmengenbildung ist eine drastische Reduzierung von Informationsdichte und Komplexität. Für die therapeutische Kommunikation liegt die Suche nach gezielter minimierter Information nahe. Ein Mensch, der sich nicht wohlfühlt, der gestresst, reizüberflutet, krank ist, wird durch zusätzliche – wenn auch therapeutische – Reize zusätzlich gefordert. Auch ein gut gemeintes Zuviel ist zuviel!
Betrachtet man das Schall-Feld eines „reinen Tones“, also einer einzigen (Sinus-)Frequenz, um ein Objekt mit seinen Interferenzeffekten und Schallschatten, so wird verständlich, um wieviel komplexer ein Schall aus vielen solcher Felder wirkt, in dem zusätzlich noch Sprach- oder Musikinformation enthalten ist. Zur Reduzierung des Informationsgehaltes auf ein Minimum bietet sich ein Ton, ein Klang, als kleinste Einheit menschlicher Sprache und Musik an. *„Urelement der Musik ist der Ton.“* (Krüger)
Die Reizverarbeitung im Gesamtorganismus wird somit wesentlich vereinfacht, erleichtert und überschaubarer, kontrollierbarer.

Einer der größten Vorteile akustischer Information ist der der spontanen Rückkoppelung. Gehör und Gehirn arbeiten so perfekt und schnell miteinander (im Millisekundenbereich!), dass bereits innerhalb von Sekunden Reaktionen wahrnehmbar sind.

Um die Information eines Klanges zu entschlüsseln, bedient man sich der Beschreibung seiner Wirkungen auf körperlicher, seelischer wie geistiger Ebene. Mit dieser Kenntnis lassen sich Töne wiederum umgekehrt als Informationsträger gezielt auswählen und therapeutisch einsetzen. Es sind u.a. Parameter zu beachten wie Atmung: Frequenz, Tiefe; Herz-Kreislaufgeschehen: Puls, Herzschlag, Durchblutung, Blutdruck, Sauerstoffsättigung des Blutes; Haut: Temperatur, Feuchtigkeit; Laborwerte; Hormone; Immunsystemwerte; Mimik; Motorik: grob, fein; Muskeltonus: Verspannung, Entspannung; innere/äußere Sekretion: Schweiß, Urin; Stoffwechsel: Neurotransmitter; Rezeption/Perzeption: Schmerztoleranzgrenze; Emotionen: Ruhe/Unruhe, Wohlfühlen/Stress, Trauer/Freude.
Mit der Auswahl eines einzigen Klanges als Informationsträger wird eine vereinfachte und überschaubare Verarbeitung erzielt, die vor allem sofortige Reaktionsmöglichkeiten seitens des Patienten wie des Therapeuten einschließt. Der Patient ist geleitet zu konzentriertem Hinhören, seine Sensibilität ist gefordert, seine bewusste Entscheidung.

Ein ent-spannter Körper, eine ent-spannte Seele ist weitaus besser in der Lage, sich zu ordnen, zu rekreieren, zu regenerieren. Wird ein einziger Klang und die damit verbundene bestimmte Information ständig wiederholt, so unterstreicht dies die Bedeutung der Information. Hans Jenny spricht im Zusammenhang mit biologischem Leben von der andauernden Wiederholung, die dieses Leben eben ausmacht: ‚Wiederholung als Lebens- und Bildemuster'. Durch die Wiederholung eines Klanges wird die analytisch-kognitive, intellektuelle Reaktion, die Erwartungshaltung, die Anspannung auf etwas Neues, Unerwartetes, schnell abgebaut; Beurteilungen wie beim Hören eines Musikstückes: „schlecht, falsch, exzellent,

zu schnell, zu langsam gespielt“, „habe ich in Salzburg schon besser gehört“, „schade/gut, dass der langsame Teil zu Ende ist“, kommen nicht zum Tragen. Der Klang kann den ganzen Menschen durchdringen, denn Körper und Seele lassen sich ein. Eintönigkeit hat unterschiedliche Aspekte. Die andauernd gleichbleibend dargebotene Information bewirkt Ent-spannung, ‚geistige Langeweile'. Die bewusste Konzentration und Aufmerksamkeit zu Beginn der Klanganwendung, aus der die bewusste Entscheidung fällt: ‚der Klang ist wohltuend', lässt nach und ermöglicht jetzt ein Sich-fallen-Lassen und Einlassen auf den Klang – unter der Voraussetzung eines vertrauensvollen Patient-Therapeut-Verhältnisses.
Aufgrund seines subjektiven Gefühls des Wohl- oder Unwohlseins kann der Patient spontan und schnell entscheiden, ab welchem Zeitpunkt er eine Klang-Information nicht mehr hören will. Eigenverantwortung und Sensibilität des Patienten werden bewusst/unbewusst gefördert und gefordert. Der Therapeut ermöglicht eine Klanginformation aufgrund seiner subjektiv-sensiblen sowie objektiven Beobachtungen unter Anwendung seiner 5 Sinne und – ganz besonders hervorzuheben – seines 6. und 7. Sinnes, der Intuition. In der Auswahl der Information und der Beobachtung und Begleitung des Patienten liegt die Verantwortung und die große Bedeutung des Therapeuten. Da sich aber eine „gemeinsame“ Verantwortung von Patient und Therapeut entwickelt, entsteht keine Überforderung. Daraus resultiert: sowohl Therapeut wie Patient stehen in einer eigenverantwortlichen Kommunikation, getragen durch einen Klang, mit dem Ziel der Verbesserung und Erhaltung des Wohlbefindens des Patienten.

Trotz Minimalisierung der therapeutischen Information auf einen Einzelton bleibt eine strukturelle Einbindung in Gesamtstrukturen erhalten. Der Ton ist ein natürlicher Ton, d.h. physikalisch gesehen eine Summe von Sinusfrequenzen. Partialtöne schwingen gleichzeitig in harmonischen Intervallen zur Grundtonfrequenz als sogenannte Obertöne mit. Genau diese Eigenschaft ist bedeutend für die spontane Beurtei-

lung von Wohlempfinden. Die natürlich vorhandene Phasenabgleichung der unterschiedlichen horizontal und vertikal vernetzten Regelkreissysteme wird gezielt über eine einzige grundlegende Tonfrequenz in Resonanz gebracht und unterstützt. Hier findet kein „Gießkannenprinzip" statt nach dem Motto: „Irgendeine Frequenz wird schon passen!"
Harmonikales Struktur- und Klangempfinden ist in allen Menschen immanent angelegt. (Musikempfinden ist dagegen stark kulturell beeinflusst.)

Mit der Auswahl eines einzigen Grundtones aus der Tonleiter erfolgt eine Individualisierung, Zentrierung, Fokussierung, Verstärkung der therapeutischen Absicht.

Klang-informationsgeprägte Therapie wird zu echter, individueller, ganz wichtig: ganzheitlicher, d.h. Körper-Seele-Geist beeinflussender, lebendiger, harmonikaler Kommunikation, wo Intellekt, Eigenverantwortung, Sensibilität und Intuition leben.

- **Konzentriertes HIN-HÖREN, HORCHEN**
- **Minimalisierung von Störfaktoren intellektueller Art**
- **ENT-Spannung**
- **Reduzierung der Informationsdichte**
- **Minimalisierung der Information ohne Verlust der Einbindung in die Gesamtheit**
- **Zentrierung, Focussierung auf das Wesentliche**
- **Vereinfachung der Reizverarbeitung im Gesamtorganismus**
- **Individualisierung mit Bezug zum Allgemeingültigen,**

Konvergenz ohne Verlust der Divergenz

Das therapeutische Geschehen wird zu:

→ **Echter**
→ **Individueller**
→ **Ganzheitlicher** **Kommunikation**
→ **Lebendiger**
→ **Harmonikaler**

Geprägt von Eigenverantwortung, Sensibilität, Intuition, Intellekt

Abb. 13: Mono-Ton-Therapie

II. Grundlagen

1. Anatomie und Physiologie des Hörens

Einmal anders:

Wie ein Klang ins Herz kommt

Prinzessin Viola grämte sich – sie wollte so gern das Herz ihres Vaters erfreuen, doch der saß Tag für Tag mit steinerner Miene auf seinem Thron, anstatt mit ihr im Garten herumzutoben. Lange wusste sie nicht, was sie tun sollte – bis sie eines Tages aufwachte und neben ihr eine kleine Flöte auf dem Kopfkissen lag.

Das ist es! dachte Viola, vielleicht schaffe ich es mit Hilfe dieser Flöte, ihn zum Lächeln zu bringen. Sogleich sprang sie aus dem Bett und lief in den Garten. Dort stellte sie sich unter das geöffnete Fenster des großen Thronsaales, setzte die Flöte an ihre Lippen und blies einige süße Töne auf die Reise.

Die Töne rauschten nun hintereinander durch die Luft, zogen immer weitere Kreise in alle Richtungen – und flogen schließlich durch das Fenster in den Thronsaal direkt auf das Ohr des miesepetrigen Königs zu. Der starrte stumm geradeaus, doch seine gewundene Ohrmuschel war ein einladender Eingang für die herannahenden Klänge – fast schien es, als würde sie auf die Töne warten und ihren Schall einfangen wollen.

So schlüpften sie blitzschnell durch die Ohrmuschel hindurch in den dunklen Gehörgang, um sich bemerkbar zu machen…

Plötzlich war der Gang zu Ende und die Töne prallten einer nach dem anderen vor eine Art Gummiwand, das Trommelfell. Dies begann bei jedem ankommenden Ton hin und her zu schwingen und rüttelte damit einen der drei Gehörboten wach – der Hammer hockte nämlich gleich hinter dem Trommelfell. Und im gleichen Maße, wie die Schwingungen ihn ins Schaukeln brachten, schubste er seinen Kollegen Amboss hin und her,

der an seiner Schulter lehnte. Der Amboss presste sich dadurch an den Dritten im Bunde, den Steigbügel. Zu Befehl, meine Herren! meinte der sofort und trat mit seinen Füßen rhythmisch gegen den Eingang der Gehörschnecke, ein mit Flüssigkeit gefülltes schneckenförmiges Labyrinth. Durch die Tritte übertrug sich die Kraft der Töne in die Schnecke und sie wanderten als Wellen den Schneckengang hinauf.
Jeder Ton blieb an einer anderen Stelle stehen: Die höheren Töne eher vorn, die tieferen arbeiteten sich weiter nach oben. Auf ihrem Weg strichen sie sanft über feine Härchen auf dem Boden. Diese Härchen merkten sich genau, wo welcher Ton war und teilten dies dem Gehirn im Kopf des Königs mit – über die Telefonleitungen des Körpers, die Nerven.
Nun konnte der König die Melodie hören, die ihm seine Tochter geschickt hatte. Er hob eine Augenbraue und murmelte: „Oh, mir wird so warm ums Herz!“ Dann trat er ans Fenster, schaute hinunter – und schenkte seiner Tochter endlich ein Lächeln!

(Verena von Keitz: Radiosendung für Kinder in WDR 5 zum Thema „Klang“, Herbst 2001)

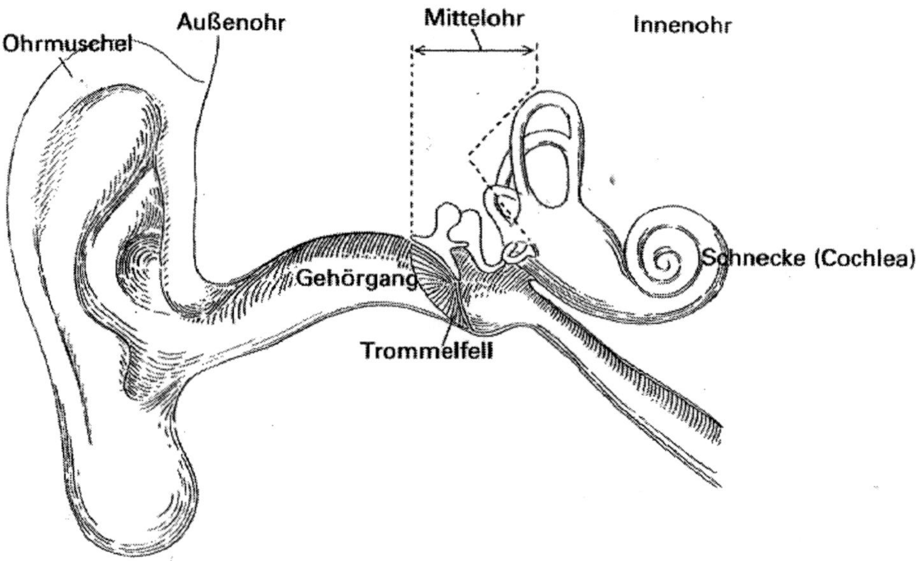

Außen-, Mittel- und Innenohr. Außen- und Mittelohr sind durch das Trommelfell getrennt. Beide sind mit Luft gefüllt. Im Innenohr (hinter den Gehörknöchelchen) befinden sich verschiedene Flüssigkeiten. Im Gegensatz zur Schnecke (Cochlea) haben die Bogengänge des Innenohrs nichts mit dem Hören zu tun; sie sind Gleichgewichtsorgane.

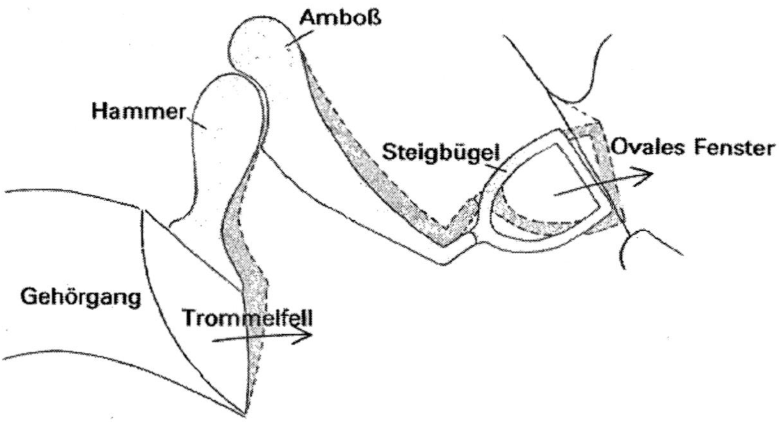

Die Gehörknöchelchen im Mittelohr übertragen die Schwingungen des Trommelfells auf eine Membran, die sich über das Ovale Fenster spannt.

Abb. 14

Das Hörorgan besteht aus Außen-, Mittel- und Innenohr und dem Zentralnervensystem. Der Ohrmuschel des Außenohres kommt dabei die Funktion der Filterung und der Vermittlung zwischen Außenluft und Innenluft im Gehörgang zu, sie dient zum Schutz, zur Verstärkung und Lokalisierung. Das Mittelohr dient zum Druckausgleich, zur Anpassung und Verstärkung des Schalls.

Auf ihrem Weg durch das Ohr versetzt die Luftschwingung, der Schall, am Ende des äußeren Gehörganges das Trommelfell in mechanische Schwingung. Die 3 Hörknöchelchen Hammer, Amboss und Steigbügel übernehmen diese Schwingung und versetzen ihrerseits die Lymphflüssigkeit des Innenohres in mechanisch-hydrodynamische Schwingung. Diese reizt die Basiliarmembran der Schnecke.
Feinste Haarzellen, in Reihen auf der zu einer Schnecke zusammengerollten Membran angeordnet, werden wie kleinste Antennen frequenzanalog gereizt: hohe Frequenzen erregen die Haarzellen am Anfang der Membran, tiefe die entsprechend hinteren Teile. *„Unser Innenohr wirkt wie ein akustisches Prisma. Wie das Licht in Farben zerlegt wird, so zerlegt das Innenohr den ‚Wellensalat' von Klängen und Geräuschen in seine einzelnen Frequenzkomponenten."* (Eska) Jeweils 150 Haarzellen bilden eine Erregungseinheit, sog. „Barks". Sie dienen der Unterscheidung von Frequenzen zueinander. In diesem Abschnitt des Innenohres erfolgt die Umwandlung der mechanischen Energie in elektrochemische Energie, die zum Informationstransport über die Nervenfasern benötigt wird. Das Innenohr wirkt als mechanisch-neuronaler Konverter und Kodierer. Die Informationen gelangen über die zum Hörnerv gebündelten Nervenfasern und mehrere Schaltstellen zur Großhirnrinde, zum Zentralnervensystem. Von dort erfolgt die notwendige Reizbeantwortung bzw. Rückmeldung, die auch direkt zum Hörorgan zurückführen kann. Das ZNS hat die Funktion eines Informationsprozessors.

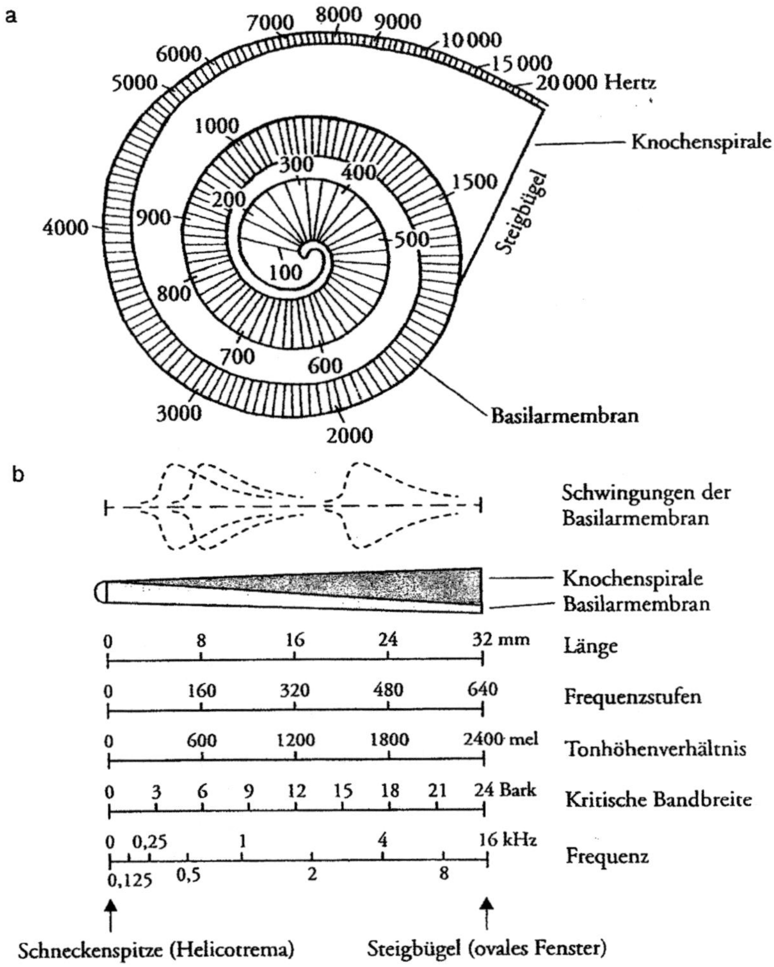

Abb. 15

Das mit dem Gehör verbundene Gleichgewichtsorgan hat Verbindung zu sämtlichen Muskeln des Menschen. So ist der direkte Einfluss von Klang auf den Muskel erklärbar – und zu nutzen.

2. Erklärungsmodelle für die Klangwirkung in lebenden Systemen

- Resonanz
- Einkoppelung
- auditiv
- mechanisch
- Wirbelbildung
- Aufbau eines internen wie externen akusto-elektro-magnetischen Feldes

Die Wirkung eines Klanges auf ein lebendiges, offen kybernetisch arbeitendes System wird erklärt über *Wirbelbildung* an Grenzschichten zu Stoffen
- unterschiedlicher Massendichte: gasförmig : flüssig; flüssig : fest; usw. (vgl. Vortrag Dr. med. A. Heinen in Glarus/ Schweiz 2001) oder
- innerhalb einer ‚einheitlichen Masse' (vgl. Abb. 35).

Bewegung und damit Grenzbildung ist unabdingbare Voraussetzung für die Entstehung von Information und Kommunikation und grundlegend mit der Entstehung von Leben verbunden. *„Es ist das Wesen des Lebendigen, dass sich Einheiten gegen außen abgrenzen."* (O. Schärli) (vgl. Abb. 35)

Neueste Experimente an der Schweizer TU in Buchs zeigten, dass sich bei der Beschallung von Wasser in einem Behälter außerhalb, um das Glas herum, ein messbares elektromagnetisches Feld aufbaut. Dies lässt analog darauf schließen, dass auch im Organismus Ähnliches geschieht: dass durch akustische Beeinflussung von außen das körpereigene elektromagnetische Feld analog strukturiert wird. Es entsteht ein individuelles akusto-elektro-magnetisches Feld;

über *Einkoppelung, Entrainment:* das Schwingverhalten eines Objektes wird durch ein von außen herangetragenes unterschiedliches Frequenzmuster in seiner Oszillation verändert, dies bedeutet eine aktive Schwingungsfrequenzänderung von außen mit dem Ziel, nahe beieinander liegende Frequenzen unter einen gemeinsamen Rhythmus zu subsummieren;

Resonanz: Resonanz ist die Frequenz, in der ein Objekt von sich aus natürlicherweise schwingen will. Daraus ergibt sich physikalisch der sogenannte „Stimmgabeleffekt“: Eine stumme Stimmgabel wird durch eine klingende gleicher Stimmung resonierend zum Schwingen/Klingen gebracht;

auditiv: über die Umwandlung mechanischer Schall-Energie in elektromagnetische Impulse, die über die Schaltzentralen in der Großhirnrinde und dem limbischen System direkt über Hormone und Neurotransmitter zu nervalen, hormonellen, zellulären Reaktionen führen;

mechanisch: über Vibration: Schwing- und Leitverhalten unterschiedlicher Materialien wie Knochen und (Bindegewebs-) Wasser, Körperflüssigkeiten, wird vorzugsweise über tiefe Frequenzen in feinste Mikrovibration umgesetzt.

„Versuch. Besorge dir Röhrchen aus Glas oder transparentem Kunststoff mit nadelfeiner Öffnung, kapillare Gefäße von 20-40 cm Länge. Wenn wir diese Röhrchen senkrecht in ein flaches Gefäß mit Wasser tauchen, steigt die Flüssigkeit in den Öffnungen hoch. Schlage jetzt mit einem Holzlineal oder einem ähnlichen Stab leicht und rhythmisch (!) *an die Röhrchenwand. Was geschieht? – Je nachdem, wie du triffst, spritzt das Wasser im hohen Bogen zur oberen Öffnung heraus. Durch rhythmisches Schlagen an die kapillaren Röhrchen können wir bewirken, dass die Flüssigkeit oben weit herausspritzt.“* (Otto Schärli)

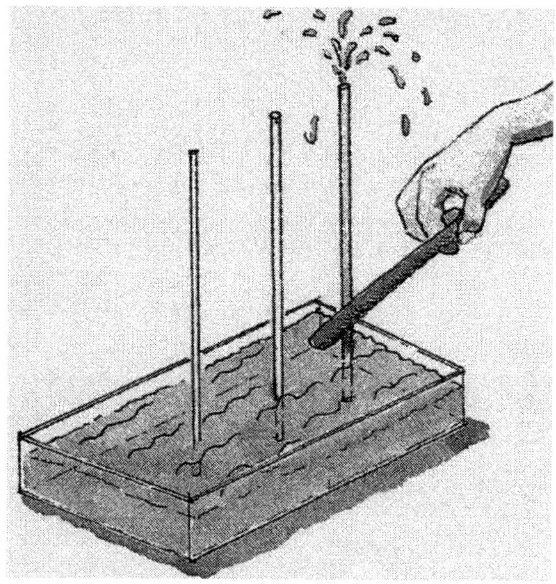

Abb. 16: O. Schärli: Leben ist Schwingung: Versuch

3. Drei universale Grundprinzipien der Natur

3.1 Stärkung des Positiven – Stärken statt Vernichten

Unwohlsein bis hin zu akuten und chronischen Krankheiten bedeutet „Ungleichgewicht". Der Mensch steht täglich im „Machtkampf": Viren, Bakterien, Erreger, Chemobelastung, Elektrosmog, Stress, psychische Belastung, Reizüberflutung, Überforderung, und, und, und... stehen auf der „gegnerischen Seite" und attackieren das Gesamtsystem, attackieren Immun- und Abwehrsystem, Organ-, Hormon- und Lebenssysteme, Selbstheilungskräfte, Lebensenergie und Lebensfreude. In dieser Situation sind – archaisch betrachtet – 3 Taktiken möglich: 1. Flüchten, 2. Totstellen, 3. Kämpfen.
Taktik 1 wirft sofort die Frage auf nach dem „wohin?" – einziger Ausweg ist das sterile Sauerstoffzelt. Bei Taktik 2 ist der Ausgang von vornherein klar definiert – der Mensch ist der Verlierer. Taktik 3 erscheint interessant. Sie bietet prinzipiell 2 Möglichkeiten. Erstens: es werden alle Angreifer/Feinde ver-

nichtet, wobei es von existentieller Bedeutung ist, dass (a) alle und (b) gleichzeitig vernichtet werden. (Beispiele dieser Taktik sind Antibiotika [anti-bios = gegen das Leben], Antivirostatika, Blocker, Hemmer, Löschen, Sprengen, Schneiden, Operieren, Bestrahlen usw.) Die häufige Problematik dieser Variante liegt in der Lebendigkeit des Feindes, der genauso und mit gleichem Recht *sein* Überlebensprogramm Nr. 3 startet. Und hier gibt die Natur die 2. Kampf-Variation vor: Sich stärken, Resistenzen ausbilden, – überleben!

Abb. 16a: Sich stärken durch „Zaubertrank"

Zwar geht der Kampf, aber auch das Leben weiter. Die zweite Möglichkeit heißt also: Stärken – das eigene Leben, die lebenserhaltenden Systeme. Es können nicht alle „Feinde" des menschlichen Lebens ausgerottet werden – sie selbst sind Leben –, aber der Mensch kann für sich das Lebenserhaltende unterstützen und stärken, um nicht jedem „dahergelaufenen Feind" gleich eine Angriffsfläche zu bieten.

3.2 Hemmen und Fördern

Auch dieses Prinzip ist ein Natur-Prinzip. In einem gut funktionierenden Organismus herrscht lebendiges Gleichgewicht der Kräfte (Stichwort ‚Dualismus'). Auf der Erde stehen Wüsten und Wälder, Täler und Berge, Hitze und Kälte, Krieg und Frieden, im menschlichen Körper Organfunktionen, Enzyme, Hormone, Neurotransmitter usw. in ständiger gegenseitiger Kontrolle. Jeder Wert wird anhand eines Messpegels gecheckt, ein Ist-/Sollwertvergleich findet laufend statt. Sobald sich eine Überschreitung zeigt, ist der Gegenspieler bereit, so dass ein ständiges lebendiges – niemals starres – Gleichgewicht herrscht.

Im Zusammenhang mit dem Auf- und Abbau von Mustern wird in der Biologie die Theorie der Erfordernis von Wechselwirkung (mindestens) zweier Substanzen zunehmend verifiziert. *„Eine Substanz – wir haben sie als ‚Aktivator' bezeichnet – muss eine positive Rückwirkung auf die eigene Produktion haben. Die zweite Substanz – der ‚Inhibitor' – muss sich schnell ausbreiten und wirkt der Autokatalyse des Aktivators entgegen. Eine homogene Verteilung beider Substanzen ist instabil. Zufällige Schwankungen oder minimale Asymmetrien sind ausreichend, um eine Musterbildung zu initiieren. Eine kleine lokale Erhöhung des Aktivators wächst weiter durch Selbstverstärkung. Der zusätzlich produzierte Inhibitor diffundiert in die Umgebung und drosselt dort die Produktion des Aktivators. … Muster spielen in der Entwicklung höherer Organismen eine große Rolle." (H. Meinhardt in ‚Biologie in unserer Zeit', 1/2001)*

Deutlich wird dieser Zusammenhang bei dem Vergleich der Frequenzbereiche von Sympathikus und seinem ‚Inhibitor' Parasympathikus: der Sympathikus bewegt sich zwischen 0,0033 und 0,04 Hz, der Parasympathikus zwischen 0,15 und 0,4 Hz.

In dieser Betrachtungsweise ist der Mensch ein sich selbst ordnendes System (Stichworte: forward-backward-Kontrolle, Yin-Yang, Yin im Yang, Yang im Yin).

Besondere Situationen, Stress im weitesten Sinne, bedingen ein kurzzeitiges übermäßiges Ausschlagen entsprechender Werte in eine Richtung. Da der Organismus jedoch auf Ausgleich bedacht ist, setzt nach dem „Fördern“ sofort die „Hemmung“ ein, damit das System sich wieder einpendelt. *„Je stärker ein Organismus belastet wird, umso mehr werden reaktive Perioden gebildet, die kompliziertere Intervalle einhalten. … Die Periodendauern der reaktiven Perioden weichen zwar von denen der Spontanrhythmik ab, sie stehen aber in der Regel in einfachen ganzzahlig-harmonischen Beziehungen zu den benachbarten Spontanrhythmen. Der reagierende Organismus hält also neue Harmonien bereit, mit denen der Gesamtzusammenhang der Zeitstruktur gewahrt werden kann.“* (Prof. Hildebrandt in: Berger) Ein Beispiel: der Ruhezustand der Muskeldurchblutung vollzieht sich in einem Spontanrhythmus von 1 Minute. Durch eine im Versuch gezielt unternommene Störung wird eine reaktive Periode von ca. 2 Minuten mit relativ starker Auslenkung ausgelöst, die mit fortschreitender Kompensation wieder zum 1-minütigen Rhythmus zurückkehrt (vgl. Prof. Hildebrandt in: Berger).

Eine Problematik tritt ein, wenn zu viele und zu starke Stressoren zu lange zusammentreffen und das System Mensch chronisch be- und überlasten. Dann ist der Einsatz des Kontrolleurs oftmals nicht ausreichend möglich. Das System erschöpft sich und blockiert.

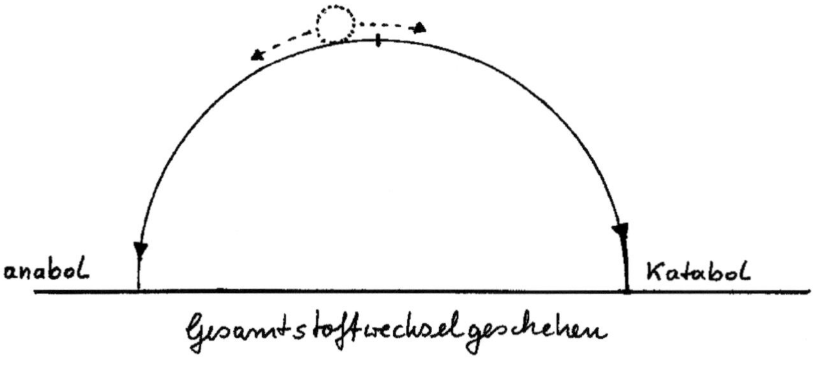

Abb. 17: Stoffwechsel-Kugel

Der Stoffwechsel balanciert wie eine kleine Kugel auf einer großen Halbkugel. Das Prinzip „Hemmen"/„Fördern" läßt die kleine Kugel im Regelfall um den höchsten Punkt herum ‚lebendig' pendeln. Beeinflussen jedoch Reize den Stoffwechsel in die eine oder andere Richtung zu stark, zu lange, so muss die Gegenkraft entsprechend sein, um sie wieder zurückzuziehen. Bleibt der übermäßige Reizeinfluss nicht entsprechend beantwortet, d.h. sind die eigenen systemimmanenten Kräfte nicht in der Lage, das Gleichgewicht wiederherzustellen, so entstehen Blockaden.

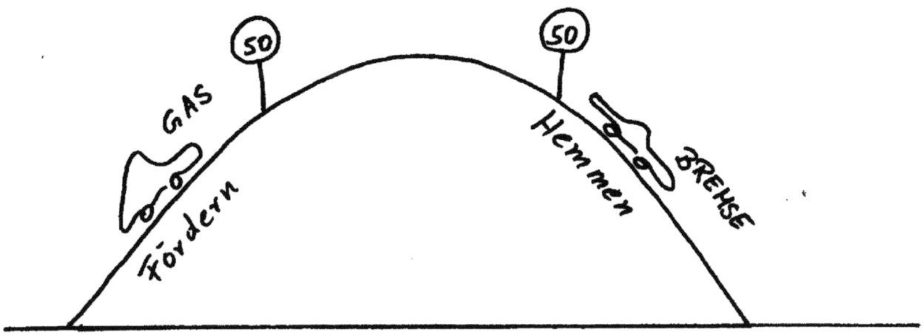

Abb. 18: Hemmen und Fördern

Abb. 19: Dosisabhängige Stoffwechselentgleisung

3.3 Harmonie und Chaos

Abb. 20: Harmonikales Klangbild (Hans Jenny)

„Von größter Wichtigkeit als physiologische Basis der Harmonik ist das Ohr als Sinnesorgan.“ (Hans Kayser)

Warum nicht mit Quietschen und Pfeifen, Knarren und Knurren therapieren? Sondern mit einem Ton, einem Klang?
Charakteristisch für einen Ton ist die *Periodizität* der Schallwellen, bei denen sich die Luftdruckschwankungen *zyklisch* wiederholen. Die Tonhöhe ist fest mit der Periodizität oder Frequenz der Schallwelle verknüpft, d.h. nur periodische (oder fast periodische) Klänge haben eine definierbare Tonhöhe.

Periodizität, Rhythmik, ist ein Charakteristikum des Lebens. Hans Jenny definiert biologisches Leben mit der Wiederholung (Periodizität) als Lebens- und Bildemuster. Ton, Klang und Leben haben eines gemeinsam: Rhythmus, Periodizität. Ein Ton mit definierter Grundtonfrequenz im Zusammenklang mit seinen Obertönen hat harmonikale Struktur und wirkt harmonisch, angenehm (vom System „anzunehmen"). Das Wohl-Empfinden eines Tones, das eindeutige, reine Hören des Tones wird durch die Funktionseinheit Gehör ermöglicht. Es unterscheidet „konsonante" harmonische von „dissonanten" rauhen Tönen. Die klassischen musikalischen Intervalle Oktave, Quinte, Quarte und Terz werden vom Gehör/Gehirn als Konsonanzen erkannt. Harmonikales Empfinden ist vorprogrammiert.

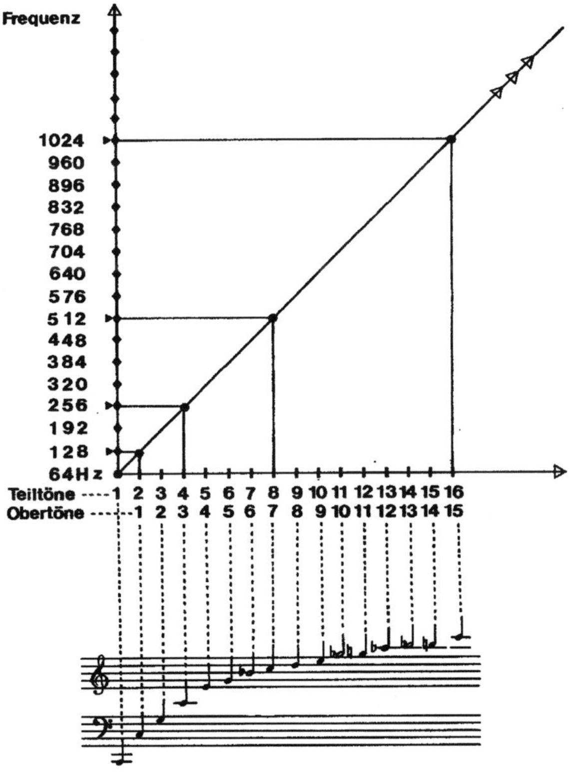

Abb. 21

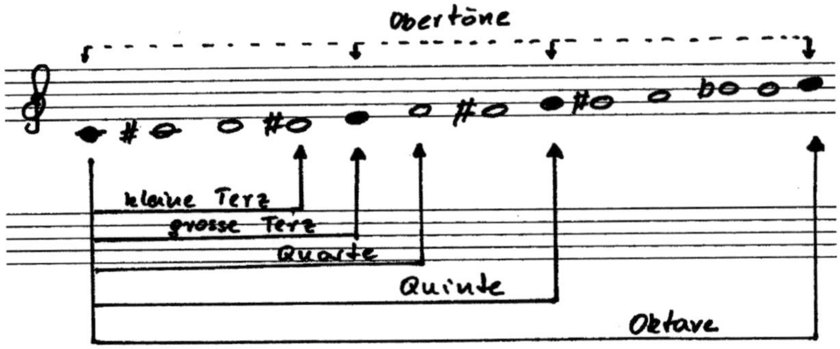

Abb. 22: Ton C als harmonikale Klangstruktur

Hans Jenny schreibt: „*Wir haben die sichere Erfahrung, dass harmonikale Systeme, wie wir sie experimentell darstellen, durch Schwingung im Sinne von Intervallen und harmonischen Frequenzen entstehen. Das steht fest … Harmonikales entsteht, wenn die Bildefaktoren in harmonikaler Ordnung wirken.*“

Folglich: Harmonikale Information, harmonikaler Klang erzeugt harmonikale Struktur.

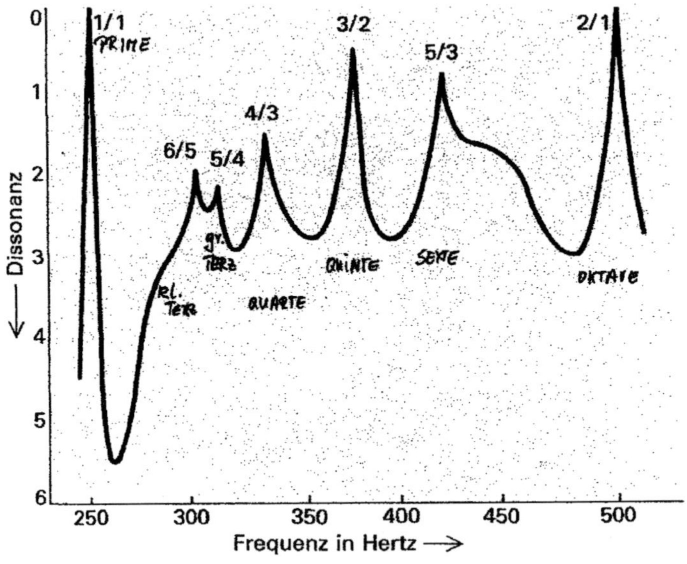

Abb. 23: Harmonikales Strukturempfinden: Konsonanzen
Die kritische Bandbreite als Funktion der Frequenz

Die Forschungsergebnisse der Chronobiologie (vgl. Prof. Hildebrandt in: Berger) weisen rhythmisch-harmonikale Strukturen in komplexen lebenden Systemen auf. Hormonzyklen, Funktionsabläufe sind im menschlichen Organismus frequenzmäßig/phasenmäßig aufeinander abgestimmt und dies meist in ganzzahligen Verhältnissen. Beispielsweise verhalten sich Puls : Atemfrequenz wie 4:1, die nächtliche Herzfrequenz einer Schwangeren zu der ihres Kindes wie 1:2 (Oktav-Verhältnisse), die Kalium-Natrium-Pumpe arbeitet im Quintenintervall 3:2.
Die Nacht dient der Erholung von Funktionsabläufen, um zu ihren eigentlichen harmonikalen Grundrhythmen zurückzufinden und sich zu regenerieren und zu stabilisieren. Klang-Information, die den Organismus zur Wiederherstellung seiner Spontanrhythmen anregt, erzeugt somit „nächtliche" Regenerations- und Erholungsphasen. Kurzwellige, hochfrequente Abläufe sind phasenübergreifend von langwelligen, tieffrequenten Zyklen „eingehüllt": Jahres-Monats-Tag-Zyklus usw. (vgl. Frequenzspirale)

Es finden sich immer wieder, vor allem in Zeiten starker struktureller gesellschaftlicher Veränderungen, Vertreter verschiedenster Herkunft aus Wissenschaft und Kultur, die „Harmonik" als archaisches Muster, als universales (Ordnungs-) Prinzip, das sich überall, auf allen Ebenen, in allen Gebieten des Lebens abbildet, neu entdecken. Dieses Phänomen wurde bereits von Pythagoras und Kepler erfasst, wenn sie von Sphärenklängen, Sphärenmusik und Sphärenharmonik schrieben. Der Gedanke einer allgegenwärtigen, universellen „Harmonik" vom Kosmischen bis ins Atomare findet Resonanz z.B. bei Hermann Hesse (Literatur-Nobelpreis für „Das Glasperlenspiel"), Hans Kayser oder Prof. Haase, der an der Universität für Musik und darstellende Kunst in Wien das weltweit einzige Institut für Harmonikale Grundlagenforschung etablierte, derzeit unter der Leitung seines Nachfolgers Prof. W. Schulze.

Harmonikales (Klang-)Empfinden ist im Menschen immanent angelegt – kulturunabhängig.

Grundlegende Prinzipien des Universums sind Bewegung, Grenzbildung und Periodizität und daraus resultierend die informativen Zustände zwischen Harmonie und Chaos. Harmonie und Chaos sind die Extremzustände, die Begrenzung von ‚Struktion' und ‚De-Struktion'.

Wenn Thomas Romanus sagt: *„Harmonie bedeutet nicht Gleichklang, sondern Zusammenklang"*, scheint die Warnung vor dem endgültigen Erreichen des „absoluten Einklanges", der „absoluten Harmonie" durch. Die Natur sorgt durch ihre Instabilität mittels irrationaler Verhältnisse immer wieder für den Ausgleich harmonikaler Stabilität mit dem Ziel des lebendigen, ‚harmonischen Chaos'.

III. Klangtherapie n. Dr. A. und A. Heinen

1. Das Konzept

Ziel einer jeden Therapie kann es, abgeleitet aus den vorangegangenen Überlegungen, nur sein, den jeweils einseitig dominanten Zustand über Information/Schwingung auszugleichen.

Das im folgenden beschriebene Konzept versteht sich als integrativer Bestandteil einer „individually specified medicine" – ISM (Dr. A. Heinen), einer Medizin, die das Individuelle im Allgemeingültigen sucht und berücksichtigt, einer Medizin, die die Therapie auf die Persönlichkeit des Menschen und seine spezielle Gesamtbefindlichkeit abstimmt.

Das Konzept basiert auf der Verwendung eines einzelnen Grundtones aus der chromatischen Tonleiter als Monoton, als Einzelklang und dessen dem Menschen individuell angepasster Modulation. Dies geschieht unter Berücksichtigung harmonikaler Ordnung im Sinne positiver Verstärkung und entspricht aus praktischer Sicht einer speziellen „Klang-Therapie". Unter Berücksichtigung der physikalischen Grundlagen (vgl. Kap. II.2) werden entsprechend akustischer Information(sfelder) im lebenden Organismus analoge elektromagnetische Felder erzeugt, die sich ebenfalls in das funktionelle Regelkreisgeschehen einflechten. Hiervon leitet sich der Begriff der „Akusto-ElektroMagnetFeld-Therapie" ab.

Das Konzept

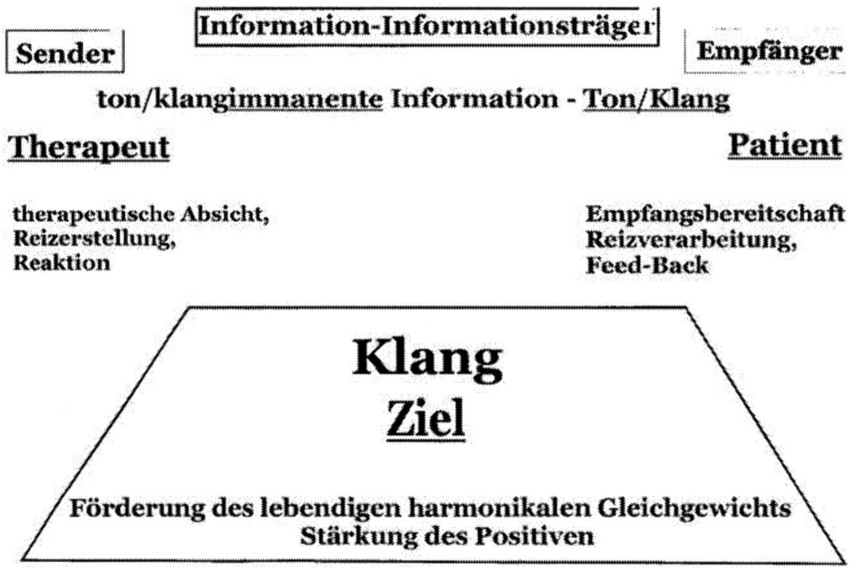

Abb. 24: Das Konzept

Auch wenn das therapeutische Geschehen hier sehr sachlich und technisch erscheint, darf kein Zweifel an der gerade hier so wichtigen non-akustischen Kommunikation aufkommen: das zugrunde liegende Verhältnis von Therapeut und Patient erfordert Vertrauen, Sicherheit, Ernsthaftigkeit, Bereitschaft, Sensibilität und Intuition. Der Ton ist Informations-Träger und Hilfsmittel. Der Therapeut ist und bleibt unentbehrlich.

Dieses Natur-Prinzip der „Stärkung des Positiven“ nimmt das Therapiekonzept auf. Über und mit Klang soll auf allen Ebenen – körperlich, seelisch und geistig – das Ursprüngliche, Positive, Starke, Harmonische wieder zur Resonanz gebracht werden, in Erinnerung gerufen und aufgebaut werden, möglichst nach dem Motto „besser als je zuvor“.
Das Ziel der Klänge ist, Blockaden zu verhindern bzw. aufzulösen durch Verstärkung hemmender oder fördernder Reso-

nanz. Das Ziel ist, den jeweils einseitig dominanten Zustand von Chaos oder Harmonie über Information – Schwingung – auszugleichen.

Nun kann nicht jeder, der Klang als therapeutisch wirksame Information einsetzen will, singen und spielen wie Orpheus. *„Dich wehklagt das Wild, dich Orpheus, singende Vögel, dich das starre Gestein, dich, welche so oft dem Gesange folgten, Wälder umher, dich, gleichsam schreind das Haupthaar, trauert der entblätterte Baum, mit Tränen auch, sagt man, vermehrten Ströme die eigene Flut."* (Ovid)
Orpheus, des Apollon und einer Muse wunderbarer Sohn, war ein großer Sänger und Dichter im Lande Thrakien. Sein Gesang war so bezwingend, dass er damit die wilden Tiere zähmte und dass Bäume, ja ganze Wälder bezaubert hinter ihm herzogen. Als seine Gattin Eurydike, die er über alles in der Welt liebte, an einem Schlangenbiß starb, bewegte er mit seinen Klageliedern sogar die Steine; Gefühl und Mitleid ergriffen die Brust der unerbittlichen Persephone, und sie erlaubte dem Dichter, Eurydike aus dem Schattenreich zurückzuholen. Freilich unter einer Bedingung: dass er sich auf dem Weg von den Toten zu den Lebenden nicht nach ihr umschaute. Doch verführt von dem leidenschaftlichen Wunsch, die geliebte Frau wiederzusehen, wandte sich Orpheus nach ihr um, und Eurydike, vom Seelenführer Hermes geleitet, musste in den Hades zurückkehren. Klagend durchirrte nun Orpheus Thrakien. Und weil er nach dem Verlust der Eurydike alle anderen Frauen hasste, wurde er schließlich von einer Schar wilder Thrakerinnen zerrissen, die sein Haupt und seine Leier ins Meer warfen: klingend und singend schwammen sie über die Wellen zur Insel Lesbos hinüber, wo später ein Orakelheiligtum des Orpheus stand. Orpheus, der von den Griechen auch der Theologe genannt wurde, galt als der Begründer der orphischen Lehren.

Abb. 25: Orpheus

Aus diesem Grunde wurde eine Software entwickelt, ein Werkzeug und Hilfsmittel, das ermöglicht, individuelle, dem Menschen und seiner gesundheitlichen Situation angepasste Klänge zu erstellen. Dies mit dem *Ziel*, lebendiges, harmonikales Gleichgewicht zu fördern und zu erhalten, „Selbstheilungskräfte“ zu wecken und das Positive zu stärken.

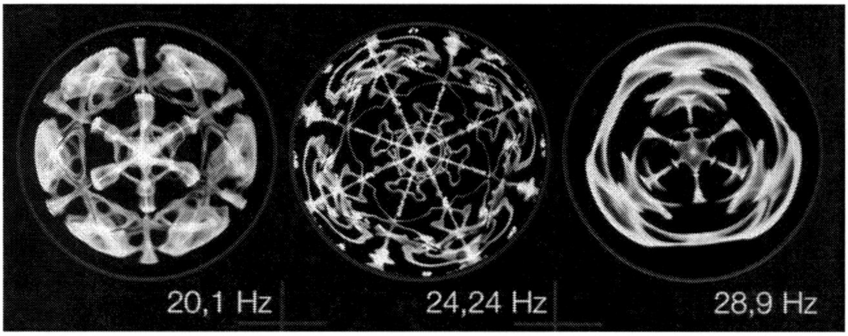

Abb. 26: Klangbilder

1.1 Die Software und ihre Parameter

Die Grundlage akustischer Information ist die Modulation von Frequenz und Amplitude.

Auf dieser Basis wurde die Software konzipiert. Ziel war es, ein flexibles Hilfsmittel zu schaffen, das möglichst breit und lange Verwendung finden kann: das bedeutet, dass nicht jede neue wissenschaftliche und therapeutische Erkenntnis dieses Hilfsmittel überflüssig macht und der Therapeut sich nicht mit jeder neuen Idee und Entdeckung wieder ein neues Gerät zulegen muss.

Zudem ist es von größter Bedeutung, einem komplexen, offen kybernetisch arbeitenden, lebendigen System in seiner ständigen Regulation und Flexibilität Rechnung zu tragen. Wenn der Anspruch einer „individually specified medicine" gewahrt werden soll, so ist wichtig, zu verstehen, dass jede Diagnose und jede Testung eine Momentaufnahme (!) des Gesamtorganismus darstellt, die sich innerhalb der nächsten Sekunde wieder verändern kann. An eine diesem Umstand Rechnung tragende Therapie wird folglich auch der Anspruch der Flexibilität zu stellen sein: die Therapie muss entsprechend dem Therapieverlauf variierbar sein – und dies unkompliziert und ohne großen Aufwand.

Parameter-Modulation

Frequenz:
16-4000 Hz
freie Eingabe
Frequenz-Liste
Planetenfrequenzen
Diverse Klang-Dateien
Farb-Ton-Skala

Intervall:
Oktave, Quinte, Quarte, kleine und große Terz;
je 3 Oktaven über bzw. unter Grundtonfrequenz

Amplitude – Lautstärkeregelung:
Ein- und Ausschwingen des Klanges; Halten; Pause

Hemi-Sync-Tec:
Beta-, Alpha-, Theta-, Deltabereich: Schwebung als harmonische Oktave

Zeit:
Therapiezeit in Minuten

1.2 Frequenz

Zwischen 16 und 4000 Hz können Frequenzen mit 4 Stellen hinter dem Komma frei eingegeben werden. Durch gezielte Vorgehensweise ist eine Ausweitung der Grenze auf 1,1 bis ca. 12.500 Hz möglich. Frequenzen unter 8 Hz können als Schwebungsfrequenz erzeugt und zur Kontrolle mit einer oktavgerechten hörbaren Frequenz kombiniert werden. Der Frequenzbereich über 8000 Hz wird nachweislich durch die Obertöne eines Klanges harmonisch abgedeckt. Eine freie Eingabemöglichkeit von Frequenzen hat den Vorteil: fortlaufende therapeutische Erfahrungen und zunehmende wissenschaftliche

Forschung auf dem Gebiet der Medizin/Bio-Information zeitigen Erkenntnisse bzgl. spezieller Frequenzzuordnungen, die somit einfach übernommen werden können. Z.B.: die Einstellung 68 Hz bei Hals- und Schulterbeschwerden, 52 Hz bei Schmerzen im LWS-Bereich (O. Skille in: Berger), oder die Frequenzübernahme der Mikrovibrationsfrequenzen verschiedener Körperstellen.

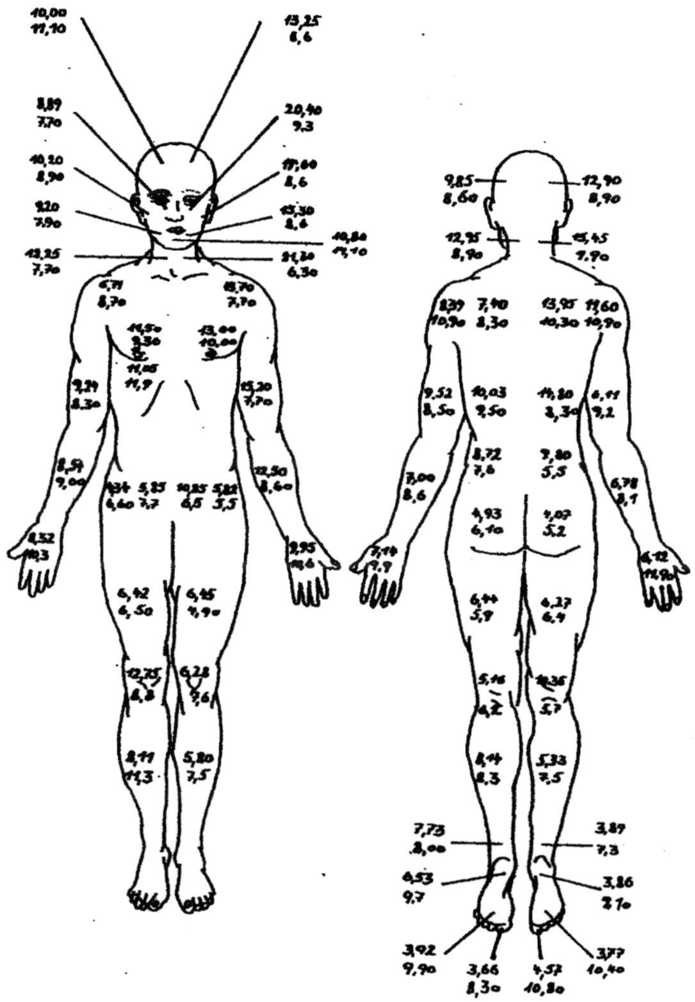

Abb. 27: Mikrovibration verschiedener Körperstellen: oberer Wert: Amplitude der Vibration in Mikrometer, unterer Wert: Frequenz

Überaus wichtig ist die Variationsmöglichkeit von sehr tiefen bis sehr hohen Frequenzen. Nach Nogier (franz. Arzt und Akupunkteur) finden sich die elektromagnetischen Schwingungen des Menschen in den niederen Frequenzbereichen. *„Die modernen medizinischen Geräte ihrerseits erzeugen aber vor allem hohe Frequenzen. Deshalb kann es für den Perfektionisten Nogier bei schulmedizinischen Verfahren zu keiner schwingungsmäßigen Resonanz kommen. Die ist aber nötig, um beim Homo sapiens jene Ruhe und tiefe Heilung entstehen zu lassen, die zu einem Zustand innerer Harmonie führen – in Nogiers ganzheitlicher Sicht eine Grundbedingung für ein gesundes Leben.“* (Dr. phil. U. Honauer in: ZeitGeist 4/2001)
Hohe Frequenzen dagegen haben den Vorteil der höheren Energiezuführung (s. Anhang Planck'sche Formel, vgl. Tomatis).

1.2.1 Frequenzliste

Zur einfachen und schnellen Handhabung steht wahlweise eine *Grundton-Frequenzliste* zur Verfügung mit Zuordnungen zu Symptomen, Organbereichen usw. Diese Werte basieren auf Intuition und Erfahrung.

1.2.2 Frequenzliste Planetentöne

Vom Oktavgesetz fasziniert, das ermöglicht, frequenzmäßig die unterschiedlichsten Ebenen und Sphären miteinander in (mathematische) Verbindung zu bringen, errechnete Hans Cousto aus den Umlaufzeiten der Planeten unseres Sonnensystems die Analogien in unseren sinneserfassbaren Bereich und stellte fest, dass im akustisch wahrnehmbaren Bereich zwischen ca. 16 und 20.000 Hz die Planetenfrequenzen als Grundtöne unserer Tonleitern auftauchen. Der Mensch ‚hört' kosmische harmonikale Frequenzen in den Grundtönen der Tonleitern.

Aus der Reihe der Planetentöne greift Cousto drei Töne heraus, die er mit einer besonderen Bedeutung belegt, die „orphischen Töne“. Diese Töne entsprechen den drei irdischen Zyklen

1. Tag – die Rotation der Erde um die eigene Achse mit dem Ton G;
2. Jahr – der Umlauf der Erde um die Sonne mit dem Ton Cis und
3. platonisches Jahr – die Kreiselbewegung der Erdachse mit dem Ton F.

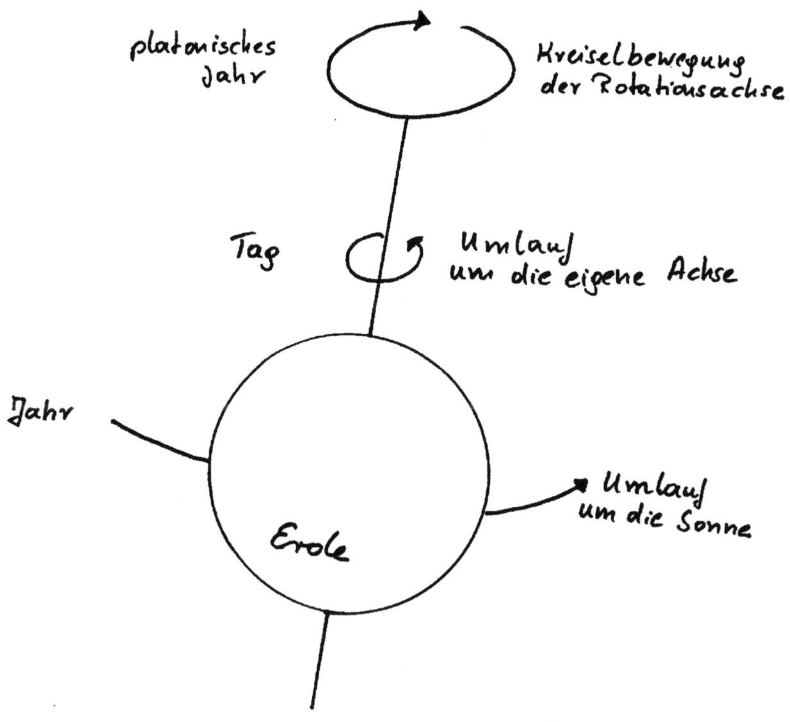

Abb. 28: Rotationsachsen des Planeten Erde

Cousto sieht in diesen Ur-Tönen eine engste Beziehung zum Menschen, der mit diesen Erd-Zyklen unmittelbar verbunden und gebunden ist. Er sieht in der Resonanz zu den Erdentönen den ‚Weg zurück zur Natur' als Einschwingen in diese kosmischen Rhythmen von Tag- und Nacht-Wechsel und dem Wechsel der Jahreszeiten, Mondzyklen, die sich in den Lebewesen evolutionär manifestiert haben: Pulsschlag, Hormonzyklen, Atemfrequenz usw.
„Orphische Töne sind naturgegebene Hochpotenzen der Grundschwingungen unserer Erde. ... Orphische Töne vereinigen in sich Wissen und Weisheit. ... Die Wirkung mindert die Disharmonie, die wir zu unserer Umwelt haben, wie auch zu uns selbst. ... Orphische Töne sind eine harmonikale Medizin." (Cousto/Pauschel)

Der Tageston G
G = 97,09 Hz
Wirkt, so Cousto, auf körperlicher, materieller Ebene. Er beinhaltet das männliche, das Yang-Prinzip, hat Bezug zum Wurzelchakra (Chakra – Energiezentrum).
Thematisch umgrenzt er den Ton: Wecken und Stärken von Vitalität und Energie, Schaffenskraft, Kreativität, Sexualität, körperliche Dynamik.

Der Jahreston Cis
Cis = 136,10 Hz
Beeinflusst vornehmlich die seelische Ebene. Er beinhaltet das Weibliche, Empfangende, das Yin-Prinzip mit Bezug zum Herz-Chakra. Thematisch beschreibt er Beruhigung, Stärkung des seelischen Friedens, Entspannung.

Der platonische Jahreston F
F = 172,06 Hz
Spricht die geistige Ebene an und resoniert im Scheitelchakra. F thematisiert: die Förderung des heiteren, klaren Geistes; gefühlsmäßige Entspannung und Stärkung.

Neben den Erdentönen erscheinen die Mondtöne von besonderer Wichtigkeit, da der Mond als Erdtrabant in nächster Nähe liegt und den Menschen und seine Umwelt ebenfalls unmittelbar mit seinen Zyklen beeinflusst.

Die Planetenfrequenzen bieten in der Therapie eine Bereicherung durch die Möglichkeit der Nutzung ihrer „natürlichen“ Klänge, unabhängig von technisch bzw. weltanschaulich festgelegten Kammertönen.

Anzumerken sei hier, dass die Planetenfrequenzen über die Zeit nicht statisch und ewig gleichwertig festzulegen sind. Kein Planetenumlauf ist gleich dem vorhergehenden bzw. nachfolgenden, weshalb die absoluten Frequenzwerte über die Jahre (Jahrtausende) schwanken. Die heutige Technik ist jedoch in der Lage, genaueste Messungen zu liefern. Außerdem ist das menschliche System ebenso flexibel und kann kleinste Abweichungen integrieren.

1.2.3 Wohlfühl-(Wellfeeling-) und Therapieklänge

In dieser gesonderten Datei sind fertige Klang„bilder“ hinterlegt, die für die Praxis eine schnelle und einfache Handhabung bedeuten.

1.2.4 Grundton

Ein Ton erstreckt sich über eine bestimmte Frequenzbreite. Tiefe Töne sind ‚diskreter' als hohe, um sie auseinander halten zu können. Innerhalb der Tonleiter entspricht der Abstand von Ton C bis Cis einem Halbtonschritt: im tiefen Frequenzbereich entspricht dieser Schritt beispielsweise 16 bis 17 Hz, im höheren Frequenzbereich einer Breite von 1017 bis 1078 Hz.

Um 2 Töne zueinander als ‚klar und rein und harmonisch' zu erfahren, ist ein Intervall mit einem Frequenzabstand notwendig, der mindestens dem einer kleinen Terz entspricht. Die Akustik spricht von der *kritischen Bandbreite,* innerhalb derer es zu der Erfahrung von rauhen, disharmonischen Tönen kommt.

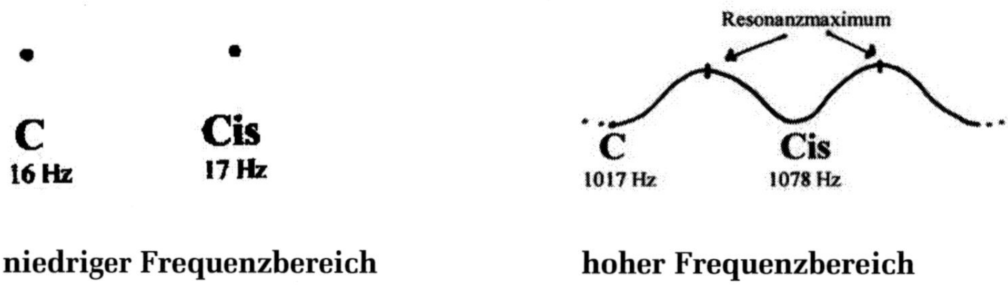

Abb. 29: Konkrete/nicht konkrete Frequenzbandbreite

Bislang liegen meines Wissens keine wissenschaftlichen Arbeiten vor, die sich mit der Zuordnung von Ton und menschlichem Organismus befassen. Vereinzelt werden Frequenzen für bestimmte Zellverbände, Organareale, gefunden. Hier gilt es, für die Klangtherapie aus Literatur und über Erfahrung Daten zu sammeln. Im Folgenden ist eine Übersicht über Ton-Wirkung-Zuordnungen verschiedenster Herkunft zusammengestellt – zur ständigen Erweiterung und Überprüfung gedacht. Literaturhinweise und Erfahrungen sind äußerst wünschenswert.

Allerdings sei hier noch einmal betont, dass das kommunikative Dreieck „Therapeut – Medium – Patient“ immer dominant die Wirkung beeinflusst. Das Ganze ist auch hier mehr als die Summe der Teile.

C

Gleichgewicht, Harmonisierung, körperliche Ebene
- Farbanalog: Grün
- Cousto: kein Planet
- Krüger: Festigkeit, das Sauerstoffatom (mit der Ordnungszahl 8! – Oktavzahl) klingt in C-Dur; H. Beckh: „Beim Grundton C, bei der Grundtonart C-Dur ist gleichsam der Punkt, wo wir am festesten auf der Erde stehen.“
- Pius V.: u.a. Ohr re.
- Chakra 4 – Herz
- Die Anthroposophen arbeiten bevorzugt mit einem C = 128 Hz nach den Empfehlungen von Steiner. (M. Renold) – Dies würde der Basis F = 172,06 Hz = platonischer Jahreston entsprechen.

Cis

Beruhigung, Entspannung, seelische Ebene
- Farbanalog: Türkis
- Cousto: Cis gehört zu den orphischen Tönen: Jahreston; Herz-Chakra
- Krüger: Aufbruch und Heimkehr – „In einer neuen Musikheilkunde sollten wir diesen heilsamen Ton der tiefsten Meditation als ein Geschenk Indiens an die Spitze stellen bei dem Versuch, unsere Nerven zu beruhigen oder Stresskranke zu heilen.“
- Pius V.: u.a. Herz
- In Indien ist Cis der Urklang „Sadia“, die Weltseele. Das meditative „Om“ wird auf Cis intoniert: der Mensch ist im Einklang mit dem Lauf der Dinge, mit dem Universum. Die Kalium-Natrium-Pumpe funktioniert analog der Frequenz Cis : Quinte Gis
- Chakra 4

D

Beruhigung, Entspannung, Stärkung der Lebenskraft

- Farbanalog: Blau
- Cousto: Mars, Saturn
- Krüger: d' – der Ton, in dem am häufigsten gesprochen wird; größte Kommunikation; d-moll: Schicksal, Größe, Tragik, Dramatik, große Liebeskraft; Erde und Himmel berühren einander
- Pius V.: u.a. Magen
- Chakra 5 – Hals-Chakra
- Interessanterweise ist um die Jahrtausendwende 2000, der Zeit der Kommunikations- und Informationsgesellschaft, Blau eine Trendfarbe.

Dis

Sedierung, Schmerzlinderung, Distanzfähigkeit

- Farbanalog: Indigo
- Cousto: kein Planet
- Krüger: Dis hat etwas Besonderes mit Tierkreiszeichen Krebs und Mutter Erde zu tun
- Pius V.: u.a. Hämorrhoiden

E

Wandlung, Wachstum, Sedierung, antidepressiv

- Farbanalog: Violett
- Cousto: kein Planet
- Krüger: „Sonnenton" – Coustos „Sonnenton H" ist die Quinte zum Ton E (s.u. Quinte – Yin-Yang Zusammenhang)
- Pius V.: u.a. Blase
- Chakra 6 – Stirn
- *„Der Ursprung der meisten Meteoriten liegt im sogenannten Planetoiden- oder Asteroidengürtel zwischen Mars und Jupiter; durch bestimmte Planetenkonstellationen können sie herausgetrieben und durch andere Planeten eingefangen werden."* (kosmos report) Hans Kayser vermutet ursprünglich an dieser Stelle einen Planeten „mit paradiesischen Bedingungen", der aufgrund seiner hervorragenden Stellung, intervallmäßig im Dreiklang b – d – f, zerstört wurde.

- Von der Intervallbeziehung der Planeten im Sonnensystem her betrachtet, wäre an dieser Stelle allerdings auch ein Planet mit dem Umlaufton E sinnvoll gewesen. Das Sonnensystem hätte in diesem Zustand: H = Sonnenton und E = Sonnenquinte als Ganzes (Yin + Yang) „Quinten-Stabilität" gehalten. Viele mit Depression im weitesten Sinne zusammenhängende Symptome und Erkrankungen der Menschen könnten als „E-Mangelerscheinung" interpretiert werden.

F

Geistige Klarheit; geistige Ebene
- Farbanalog: Magenta *und* Purpur
- Cousto: Erde – platonischer Jahreston: Förderung des heiteren, klaren Geistes; Scheitel-Chakra
- Krüger: „Alle Sphärentöne, voran der Ton f', demonstrieren sehr eindrucksvoll die Einheit in der Zwei von Punkt *und* Feld, Hiersein *und* Dasein, Körper *und* Welle." (vgl. Purpur *und* Magenta) – *„Wirklich sind"*, wie W. Karthaus mitteilt, *„die melodischen Hauptsysteme auf dem Ton f als dem Ursprungston aufgebaut."*
- Pius V.: u.a. Stirnhöhle
- Chakra 7 – Scheitel
- Im alten China war F der Grundton der Musik: der „Ton der gelben Glocke", der die Quelle der Energie ist, und die Verbindung zwischen Himmel und Erde schafft. Für Guido v. Arezzo (um 1000 n. Chr.) sind f und c die stabilsten Töne. Im Kirchentonsystem des Mittelalters war die hypolydische Skala c – d – e – f – g – a – h – c' eine Nebenleiter zur lydischen Hauptleiter f – g – a – h – c – d – e – f'. Das indische Instrument Sitar ist auf den Grundton Cis gestimmt. ‚Chakra-analog' beginnt der tiefste Bund mit dem Ton G und endet mit dem höchsten Bund F. F ist der einzige Ton der Tonleiter mit 2 Farbzuordnungen innerhalb der Spektralfarbskala. „Der (Farb-)Kreis ist eine Spirale." (vgl. Farbe-Ton-Zuordnung)

Fis

Gleichgewicht, Harmonisierung, geistige Ebene

- Farbanalog: Scharlach
- Cousto: Mond; Jupiter
- Krüger: Fis führt in unserem Inneren immer näher heran an das Herz der Schöpfung; Fis-Dur – „innerlichste Tonart"; Tonart der Photosynthese der Pflanzen; F. Schubert nennt Fis die „grüne Note"
- Pius V.: u.a. Bein re.
- In der Farbanalogie entspricht Grün dem Ton C. Fis steht in der C-Tonleiter im Intervall des Tritonus zu C. Das Intervall „Tritonus" bestimmt genau die Mitte der Oktave (verminderte Quinte bzw. erhöhte Quarte) und besitzt damit äußerste Spannung und Entscheidungsqualität: etwas steht auf „Messers Schneide", die Entscheidung kann ‚vorwärts' oder ‚rückwärts' heißen. Der Tritonus gilt als der „Diabolus in der Musik". Im Mittelalter wurde der Gebrauch dieses Intervalls zeitweise von der Kirche untersagt.

G

Kreativität, Sexualität, körperliche Ebene

- Farbanalog: Rot
- Cousto: Tageston der Erde, Steigerung von Vitalität und Energie, Kreativität, Schaffenskraft
- Krüger: Zentrum und Steuer der großen Vitalkraft des organischen Lebens, „Lichtsteuer"
- Pius V.: u.a. Dickdarm
- Chakra 1 – Wurzel
- Der („Aussteiger"-)Trend heutiger Zeit zu östlichen Religionen und Kulturen ist auch durch die Qualität der Töne G und Cis gekennzeichnet: das körperliche, materielle, schaffende, aktive Tageston-G im ‚Gegensatz' zum seelischen, empfangenden Jahreston-Cis der östlichen Musik.

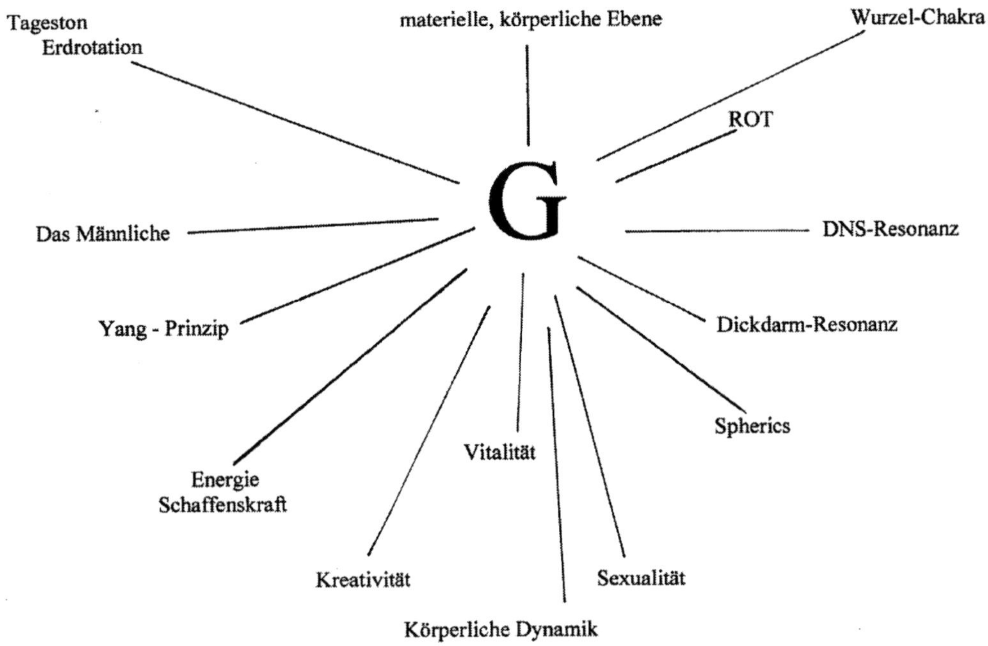

Abb. 30: Grundton G: Wirkungsspektrum

Gis

entkrampfend, verdauungsfördernd

- Farbanalog: Rot-orange
- Cousto: Synodischer Mondton, Thema kommunikativ-erotisches Prinzip; Neptun; Uranus
- Krüger: ADP-Entladeton (Vorgang der Energiegewinnung in der Zelle)
- Pius V.: u.a. Galle

A

Stimulation, Lösung

- Farbanalog: Orange-gelb
- Cousto: Venus
- Krüger: „Vaterton"; „stärkster Sozialton"; er versammelt die meisten Photonen
- Pius V.: u.a. Leber
- Chakra 2 – Sakral

- Kammerton-Problematik: die Notwendigkeit der Einstimmung mehrerer Instrumente zum Zusammenspiel brachte eine zwar allgemeingültige, aber auch willkürliche Festlegung des Kammertones mit sich. Seit der 2. Stimmton-Konferenz 1939 in London wird das A mit 440 Hz gestimmt. Das Empfinden eines tieferen A, z.B. A = 435 Hz findet für sensible Menschen eher im Körper, ‚im Bauch' statt, wohingegen ein hohes A mit 440, 442 Hz eher ein ‚Kopf'-Empfinden hervorruft. Die Erdentöne G, Cis und F lassen Kammertöne von 435 Hz, 432 Hz bzw. 433 Hz entstehen.

Ais/B
Stimulation
- Farbanalog: Gelb
- Cousto: Mond
- Krüger: „Das macht ihn (Ton b) in der RNS und DNS zu einem sehr zärtlichen Ton."
- Pius V.: u.a. Uterus

H
Leichte Stimulation, ausgleichend
- Farbanalog: Gelb-grün
- Cousto: Sonne, Thema „Förderung des Gefühls des All-Eins-Seins" (weshalb aus therapeutischer Sicht vorab/nachher das Hören ‚irdischer', körperlicher Töne ratsam bzw. zu überdenken wäre), Mond: Beeinflussung von Zyklusstörungen, Körperflüssigkeitshaushalt
- Krüger: H als Septime zu C – stärkster Drang voran; Leit-Gleitton-Schaukel: h' : c" = Leiten; c" : h' = Gleiten
- Pius V.: u.a. Pankreas
- Chakra 3 – Solarplexus, Milz

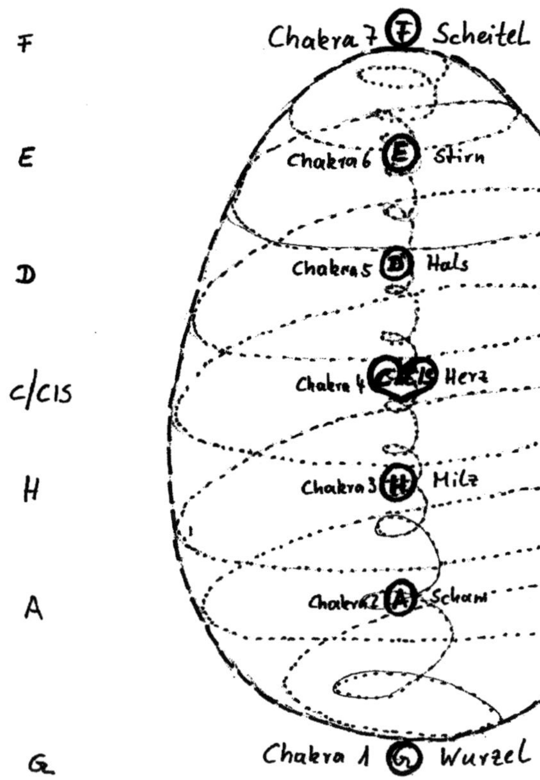

Abb. 31: Grundton-Chakra-Zuordnung

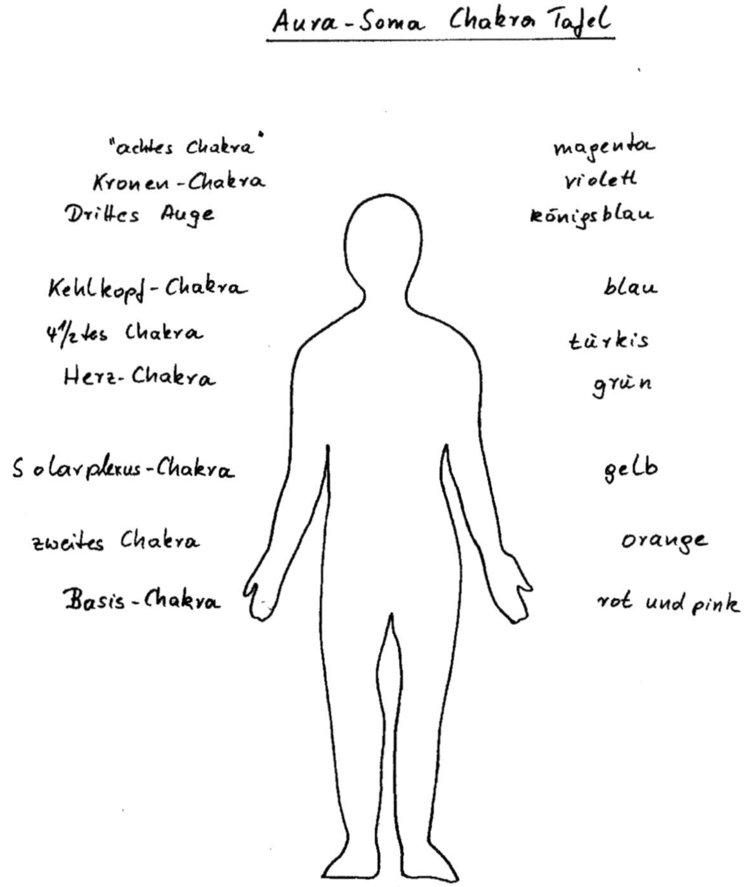

Abb. 32: Chakra nach Aurasoma

1.2.5 Farb-Ton-Skala

Eine Farb-Ton-Skala, die auf der analogen Zuordnung eines Grundtones zu einer entsprechenden Farbe beruht, ermöglicht einfachste und schnellste Grundtonfindung.
Die Skala basiert auf der mathematischen Berechnung der Farbfrequenzen aus den Grundtonfrequenzen mittels Oktavierung bzw. der Anwendung des Multiplikators 4,398 (Billionen).

1.3 Intervall

Ein *Intervall* ist der Zwischenraum (Dynamik/Zeit) zwischen 2 Fixpunkten (Statik). In diesem Zwischenraum existiert Information, die durch die Veränderung in der Zeit, um von Fixpunkt 1 nach Fixpunkt 2 zu gelangen, erkennbar wird und die Punkte 1 und 2 definierbar macht.

Intervalle:

Prime	C : C
Sekunde	C : D
Terz	C : E
Quarte	C : F
Quinte	C : G
Sexte	C : A
Septime	C : H
Oktave	C : C'

Ein „reiner Ton“ (Sinuston) ist – wie bereits erwähnt – in der Natur nicht zu finden. Er steht allein, ohne Beziehung zu einer strukturierten Umgebung, d.h. er ist ohne Leben, ohne Kommunikation. Ein „natürlicher“ Ton, ein Klang, besteht aus einer Vielzahl, einer Summe von Frequenzen, der Grundtonfrequenz plus ihrer Partialtonfrequenzen, die intervall-strukturiert miteinander verbunden sind. Dabei ist zwischen ‚harmonischen' ‚konsonanten' und ‚unharmonischen' ‚dissonanten' Klängen zu unterscheiden. Unharmonische Klänge sind z.B. Geräusche: die mitklingenden Partialtöne stehen nicht in ‚geordneten' Verhältnissen zur Grundtonfrequenz. Von einem ‚harmonischen' Klang spricht man bei Mitklingen von sog. Obertönen, welche in einfachen, quasi ganzzahligen Verhältnissen zur Grundtonfrequenz stehen (analog und anschaulich: die Saitenteilung am Monochord).

Oktave:	2 : 1
Quinte:	3 : 2
Quarte :	4 : 3
Gr. Terz:	5 : 4
Kl. Terz:	6 : 5

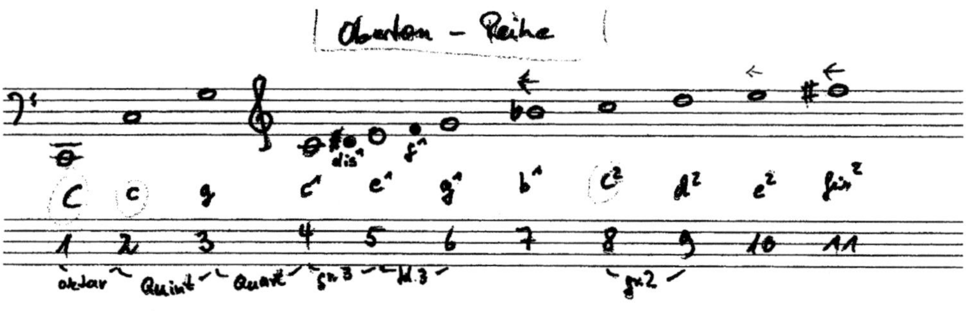

Abb. 33: Obertonreihe

Aus der Obertonreihe ist ersichtlich, dass klangimmanent Intervalle existieren. Im Empfinden des Menschen und damit verbunden in seinen Aufzeichnungen erscheinen immer wieder die Intervalle Terz, Quinte, Quarte und Oktave besonders erwähnt und offensichtlich von besonderer Bedeutung. Der im Mittelalter aufkommende mehrstimmige Gesang, das Organum, verwandte nur Oktaven, Quinten und Quarten, erst später erschien die Terz in der Musik. Bereits Pythagoras fand in Intervallen die Grundstrukturen seiner Harmonik.
Diese intervallspezifische Information lässt sich in der Therapie verstärken durch gezieltes Zuschalten von bestimmten harmonikalen Intervallen.

Die klassischen harmonischen Intervalle:

Oktave

Jeder 8. Ton der Tonleiter ist die Wiederholung des entsprechenden Grundtones auf einer anderen, höheren oder tieferen Frequenzebene. Man nennt diesen Tonumfang (Intervall) „Oktave" (lat. octo – acht) und schreibt: c : c', c' : c", c" : c"' usw. Die Oktave ist das Intervall mit dem einfachsten Zahlenverhältnis: 1:2. Jeweils das Doppelte bzw. die Hälfte der Grundtonfrequenz bestimmt den Abstand zweier Töne: c – 16 Hz : c' – 32 Hz : c" 64 Hz usw. Der Ton bleibt der gleiche, aber nicht derselbe. Beim Hören benachbarter Oktaven ergibt sich die Schwierigkeit, die beiden Töne überhaupt auseinander zu halten, sie verschmelzen quasi.
Anschaulich wird diese Tatsache durch die Betrachtung einer schwingenden Instrumentensaite. Grundsätzlich schwingt eine längere Saite in einer tieferen Frequenz als eine kurze Saite. Wird eine Saite mit einer Schwingungsfrequenz von z.B. 16 Hz genau in der Mitte niedergedrückt, so klingt ein Ton mit der Frequenz 32 Hz.

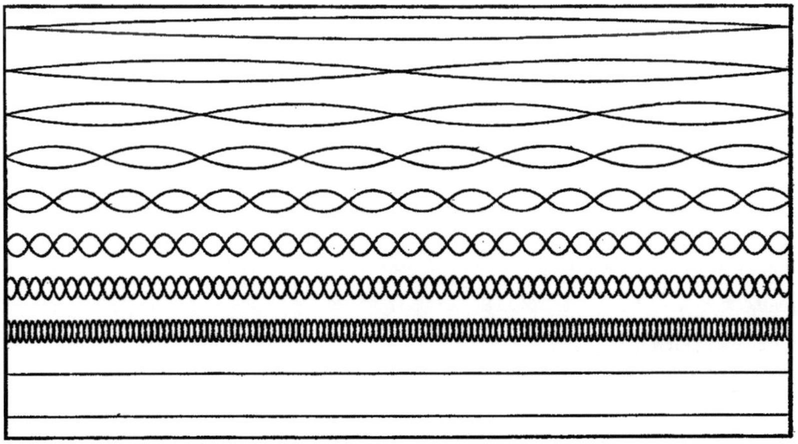

Abb. 34: Oktavierung – Schwingungsmuster

Hans Cousto hat auf dieser Grundlage die Grundtonfrequenzen der Planeten unseres Sonnensystems errechnet.

Dieses sogenannte Oktavenphänomen ist – so Krüger – für die gesamte westliche und östliche Musikkultur nachgewiesen und auch bei Naturvölkern zu finden. In der Musik beinhaltet eine Oktave 8 Ganztöne: c – d – e – f – g – a – h – c'. Hier fällt auf, dass der 8. Ton gleichzeitig Ende und Anfang ist. Die Achterstruktur findet sich häufig in der Natur. *„Dem menschlichen Genotypus ist die Oktavstruktur fundamental einverwoben. So ist es nicht verwunderlich, dass sein Phänotypus besonders auf das Phänomen der Oktave reagiert und natürliche Oktavfrequenzen besondere Resonanzen in ihm auslösen." „Pontvik nennt die Oktave ein göttliches Grundmaß, welches sich in ständiger Wiederholung in höherer Potenz aufs neue widerspiegelt. ... Die Oktave ist wahrscheinlich das Prinzip, nach dem sich die Entwicklungsgesetze der Natur und des Geistes zwangsläufig vollziehen."* (Cousto/Pauschel)
Die Woche birgt den 8-tägigen Zyklus: 6 exoterische, nach außen gerichtete Arbeitstage – 1 esoterischer, nach innen gerichteter Ruhetag – und mit dem 8. Tag beginnt der Zyklus aufs Neue. Im Periodensystem der Elemente findet sich auf jeder achten Stufe ein Element ähnlicher Eigenschaften (Oktettregel). Im Aufbau der Atomkerne sind Achterstrukturen: Mesonen-Oktett, Baryonen-Oktett. Das für den Menschen so bedeutsame Sauerstoffatom (Atmung!) hat die Ordnungszahl 8 im Periodensystem, es besitzt 8 Protonen im Kern. Die Doppelhelix der DNS weist 8 Sprossen pro Spiraldrehung auf. ‚AtmoSpherics,' kurzlebige elektromagnetische wetterbestimmende Impulsfrequenzen der Erdatmosphäre, sind Oktaven der Erdrotationsfrequenz, wobei disharmonische Varianten einer Kaltluftfront vorausgehen und disharmonische Effekte auf organische Eiweißmolekülketten sowie Gehirnfunktionen ausüben. Selbst die Zell-„Teilung" ist eigentlich eine Oktavierung, nämlich eine Verdopplung von Information und Materie. In der Oktave liegt eine Ahnung von Unendlichkeit: jedes Ende ist ein neuer Anfang, eine ewige torusbildende Spirale.

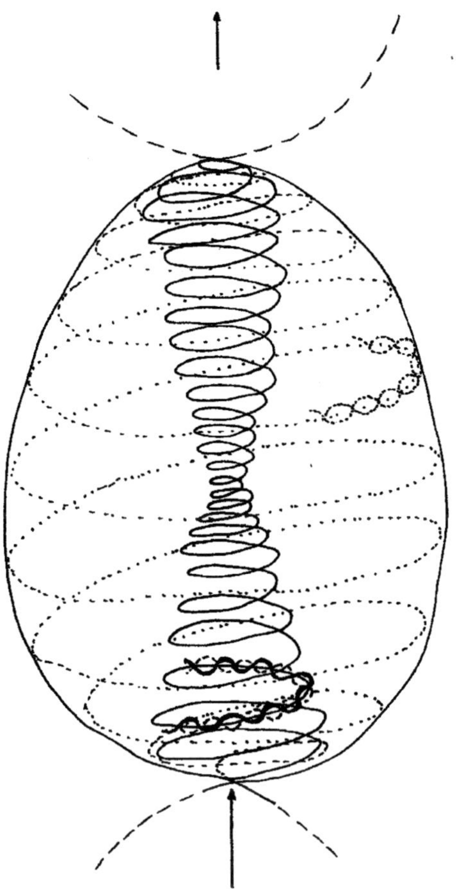

Abb. 35: Der „universale“ Torus

Die Reizverarbeitung einer Oktave benötigt im Vergleich zu anderen Intervallen den geringsten Energieaufwand bei gleichzeitig stärkster Resonanz.
Der Oktave wird energiesteigernde Wirkung zugesprochen.

Quinte
Die Quinte errechnet sich aus der Verdreifachung der Grundtonfrequenz und bezeichnet den 5. Ton von der Grundstufe aus: c (– d – e – f –) g. Das Zahlenverhältnis entspricht 3:2.

Es ist eine Art Urintervall. So tritt uns die Quinte überall als Grenze entgegen, in der ein Innen (Seele) *und ein Außen* (Geist) *sich begegnen.* (n. Steiner)
In der indischen Kultur ist der 5. Ton – ausgehend von ihrem Grundton Cis – der zweitwichtigste Ton.
Die für das Nervensystem und damit das psychosomatische Wohlergehen so bedeutende Kalium-Natrium-Pumpe, die für das Zellpotential verantwortlich ist, arbeitet im übertragenen Sinne im Grundton/Quinten-Verhältnis (Cis/Gis). Hier zeichnet sich die Funktion der Quinte als Partner im Zusammenspiel Hemmen und Fördern ab.
Krüger bezeichnet die Quintenwirkung als schwebend und offen.
Aus der therapeutischen Erfahrung heraus hat die Quinte den Status des Partners im Zusammenspiel ‚Hemmen – Fördern'. Die Quinte schafft den Ausgleich zur Grundtonwirkung. Grundton und Quinte stehen im Yin-Yang-Verhältnis.
Pius Vögel beobachtete ihre Wirkung dahingehend, dass in der Quinte die Verursachung des Symptoms (= Grundton) beinhaltet ist und daraus folgernd Symptom- und Ursachenbehandlung gleichzeitig möglich ist.
Die Quinte bewirkt eine Steigerung des Energieflusses.

Terz, große – kleine
Die große Terz ist der 3. Ton von der Grundtonstufe aus und die Verfünffachung von deren Frequenz: c (– d –) e, das Zahlenverhältnis entspricht 5:4. Die kleine Terz entsteht durch Erniedrigung des 3. Ganztonschrittes um einen Halbtonschritt, aus dem e wird ein es. Das Zahlenverhältnis ist 6:5. Die klare Wirkung des großen Terzintervalls wird dadurch gedämpft. Die Terz gibt den Ausschlag über Dur und Moll-Wirkung und damit über eine gedämpfte, traurige, getragene Stimmungslage im Moll-Dreiklang (Grundton – kleine Terz – Quinte) oder eine klare, heitere, fröhliche Stimmungslage im Dur-Dreiklang (Grundton – große Terz – Quinte).
Das Erleben des Terzintervalls wird beschrieben mit einer verstärkten Hinführung zum eigenen Seelenerleben. Musik- und

kirchengeschichtlich lässt sich im Mittelalter gegen Ende des 13. Jahrhunderts ein Wandel beobachten. Der häufigere Einsatz von Terzen in der Musik geht einher mit der zunehmenden Hinwendung des Menschen zu sich selbst. Er betrachtet sich zunehmend als der Natur gegenüberstehend, im Gegensatz zum bisherigen Gefühl der unmittelbaren Verbundenheit mit dem Göttlichen. Naturwissenschaft und Technik können entstehen (vgl. kritische Bandbreite).
Der großen Terz wird eine Steigerung des Energieflusses zugesprochen, der kleinen Terz Stabilisierung, Entspannung, Auflösung.
Mütter rufen ihre Kinder in der „Liebesterz" f' – d', Kinder ihre Mütter in der „Kinderterz" c" – a'.

Interessant und aufschlussreich ist die Betrachtung der Intervallbeziehung der orphischen Töne, der Erdentöne G, Cis und F mit ihrer Analogie zu Körper, Seele und Geist. Innerhalb der Oktave G:G' ist Cis Tritonus. Die Seele als Mitte, Mittler, Entscheidungsort Richtung Materie oder Geist. G und F stehen im „disharmonischen" Spannungs- und Leit-Intervall der Septime zueinander. F gleitet im Sekund-Intervall ‚zurück' zum G oder ‚vorwärts' zum nächst höheren G. Cis und F aber stehen im Intervall der großen Terz (s.o.)!

Quarte
Die Quarte ist der 4. Ton auf der Grundtonstufe und das vierfache der Grundtonfrequenz: c – d – e – f. Die Quarte entspricht dem Zahlenverhältnis 4:3.
Sie umfasst jeweils eine Hälfte der Tonleiter: c – d – e – f – – – g – a – h – c
Wir können, wenn wir der Geste der Quart nachspüren, einen gewissen Widerstand fühlen, der uns wie an einer Grenze aufhält. Dabei weicht das Gefühlvolle der Terz einer gewissen Strenge und Objektivität. (n. Steiner)
Die Quarte bewirkt Spannung und Steigerung des Energieflusses.

Tritonus/Septime
Tritonus und Septime sind „Entscheidungsintervalle". Innerhalb der Oktave ist der Tritonus der Scheidepunkt, der nach „vorwärts", „Richtung Zukunft" oder „rückwärts", „Richtung Vergangenheit" weist.
Die Septime leitet voller Spannung zur Oktave hin. An dieser Stelle entscheidet sich, ob die Zukunft „Wiederholung" oder „Quantensprung" bedeutet. Hier fällt die Entscheidung, ob der Oktavton als Ende der Anfang von etwas vollkommen Neuem ist, ob sich ein Quantensprung vollzieht in eine völlig neuartige unbekannte „Dimension", oder ob der Oktavton die Wiederholung alter bekannter Periodik einleitet.

1.4 Klangwirkung/„Rhythmik"

Grundlegende Wirkung eines Klanges liegt in einer Dynamisierung, d.h. der Förderung von Prozessen im Regelkreisgeschehen, sowie der Sedierung, d.h. der Hemmung solcher Abläufe, sowie der Blockadelösung.

Hemmen und Fördern bedeuten jeweils den Ausgleich zur gegenwärtigen Stoffwechselsituation und werden über ein gesamtkörperliches Wohlfühlen, ein Wohlempfinden des Klanges kontrolliert.

Blockaden, festgefahrene starre Strukturen erfordern für die Auflösung eine höchste Affinität des Klanges zum Muster und werden vorrangig als unangenehm, ablehnend empfunden, da Resonanz – unbewusst – verhindert wird.

Zur Wirkung von Klang im Sinne von Dynamisierung und Sedierung zeigt die allgemeine Erfahrung, dass Klänge von Cis bis E beruhigend wirken, Klänge von G bis H dynamisierend, C und F gelten als körperlich bzw. geistig ausgleichend. Diese Wirkung kann verstärkt werden durch die Beachtung tiefer bzw. hoher Frequenzbereiche (z.B. tiefes D – hohes G) sowie die Wahl eines „passenden“ Instrumentes (z.B. ‚tiefes‘ Cello – ‚hohe‘ Trompete), sowie durch rhythmische Modulation der Lautstärke (Amplitude). Allgemeingültige Wirkungsweisen von Tönen lassen sich anhand von Erfahrungen feststellen, genau wie im Bereich der Farben. Allerdings sei hier deutlich darauf hingewiesen, dass zwar mit Allgemeingültigkeiten gerechnet werden kann, aber jeder Mensch ein Individuum ist und eine ganz persönliche Geschichte mit sich führt, die u.U. zu ganz eigenständigen (unerwarteten) Reaktionen führt. *„Jeder Mensch hat beim Hören ein und derselben Musik ganz individuelle Assoziationen. Es gibt aber ein Urerleben von Musik, das alle Menschen in sich tragen. Eine Art archetypische musikalische Universalsprache. Töne, die dieser Sprache zugeordnet werden, wirken entspannend. Ein entspannter Körper wiederum kann besser für sich selbst sorgen, beispielsweise mehr Abwehrkräfte entwickeln.“* (Henneges)

Grundsätzlich hat jeder Ton seine eigene, ihm durch die Frequenz zugeordnete immanente Rhythmik. Die Grundfrequenz gibt den periodischen Ablauf pro Sekunde an. Daraus folgt die dynamisierende Wirkung hoher, kurzwelliger Frequenzen und die sedierende tiefer, langwelliger Frequenzen. Tomatis beobachtete bei Frequenzen zwischen 2000 und 8000 Hz *„eine erstaunliche Belebung …, die eine nicht minder verblüffende Lebensfreude zur Folge hat.“*

Ein „gutes Ohr“ mit maximaler Spannung des Trommelfells vibriert nur leicht entsprechend hoher Frequenzen mit kleiner Amplitude. Tiefe Frequenzen lassen das Trommelfell in größerer Amplitude schwingen und haben eine stärkere Auswirkung auf den Nervus vagus, der am Trommelfell und dem äußeren Gehörgang an die Hautoberfläche tritt, und somit auf das vegetative Gleichgewicht.

Unter dem Aspekt der Energetisierung durch hohe Frequenzen ist z.B. auch Altersdepression und -erschöpfung teilweise erklärbar: die Haarzellen im vorderen Teil der Schnecke sind nicht mehr empfindsam genug für den Empfang hoher Frequenzen, was in Folge mit Energieverlust einhergeht. Die gezielte Anwendung hoher Frequenzen über Knochenleitung,

Bindegewebswasserleitung, Akupunkturpunkte, Meridiane usw. als „Bypass-Therapie“ wäre therapeutisch anzudenken.

Im Therapiefeld *‚Blockadelösung' ist* die Affinität des Klanges zur Blockadestruktur von höchster Bedeutung. Hier liegt die Chance der gezielten psycho-therapeutischen Betreuung durch Lösung unbewusster Erfahrungs- und Erlebnismuster. Das im Unbewussten gespeicherte „eingefrorene“ stoffliche wie feinstoffliche, körperliche wie seelisch-geistige Muster wird durch den passenden Klang in Erinnerung gebracht (Resonanzaufbau, Stimmgabel-Effekt), aus der Tiefe geholt zur Verarbeitung (s. Kap. VII 3: AEVM – Aufarbeitung von Erfahrungs- und Verhaltensmustern mit Klang). Hier gilt allein individuelle sensibelste Therapeut-Patient-Kommunikation.

1.5 Amplitude

Über die Regulierung der Amplitudenhöhe, d.h. der Lautstärke, kann eine zusätzliche „Rhythmisierung“ des Klanges im Sinne dynamisierender oder sedierender Wirkung erfolgen. Es lässt sich ein weiches, fließendes Auf- und Abschwingen des Tones gestalten wie auch ein trommelähnlicher Schlagrhythmus.

Abb. 36: Amplituden-Modulation

Zwei prinzipiell verschieden wirksame Wiedergabearten sind hier zu beachten: der Dauerton und der transiente Ton.

Aus dem Alltag ist das Phänomen bekannt, dass ein gleichbleibendes Geräusch, beispielsweise das unablässige Verkehrsrauschen oder das ständige Berieseln durch Radiosender, irgendwann nicht mehr gehört wird. Das Gehirn registriert den Dauerreiz als uninteressant und verdrängt ihn aus dem bewussten und aktuellen Geschehen. Dies gilt generell für Schall, der länger als einige Sekunden andauert. Der Hörer erinnert sich nicht mehr an das Einschwingen des Tones. Gerade dieses Einschwingverhalten aber dient dem Gehör/Gehirn zur Beurteilung und Wertung des Tones. Ein zu langer Ton, wie auch ein zu kurzer (kürzer als 0,1 sec), kann nicht optimal bewertet werden bzgl. seiner ‚kommunikativen Charakteristik' und damit seines Informationsgehaltes. Hieraus resultiert auch die (Un-)Fähigkeit, einen Klang eindeutig einem Instrumentarium oder, allgemein, einer externen Schallquelle zuzuordnen.

Der Dauerreiz bewirkt auf der Basiliarmembran in der Schnecke des Innenohres praktisch eine Dauerblockade der entsprechenden Barks und damit verbundenen Nervenleitungen. An dieser Stelle kann eine Zeit lang keine neue Reizantwort erfolgen. Es wird eine Quasi-Ruhe erzeugt. Dies entspricht einer Hemmung.

Der Dauerton wird therapeutisch wirksam als *hemmendes* Element (vgl. Abb. 36e).

Der transiente Klang, der Klang mit Einschwingen, kurzem Halten und Ausschwingen (vgl. Abb. 36), setzt ständig einen neuen, wenn auch einen stets gleichen Reiz. Die einzelnen Klänge werden durch Pausen unterbrochen, um die Erholungsphasen für das Nervensystem einzuhalten. Für die optimale Bewertung ist eine Klangdauer von mindestens 0,1 bis 1 Sekunde notwendig. Außerdem findet sich im Gehirn ein Zeittakt, der das bewußte Erleben beeinflußt: Dabei werden die in kürzeren Zeittakten aufgenommenen Schwingungen zu sinnvoller, verständlicher Information zusammengefaßt: die 3-Se-

kunden-Schwingungen, die das subjektive Gegenwartsempfinden ermöglichen. *„3 Sekunden dauert die Gegenwart.“* (Ernst Pöppel, Gehirnforscher, München)
Aus der Praxis heraus hat sich eine „Rhythmisierung” der Klänge in 3-Sekunden-Blöcken (Gegenwartsempfinden) als positiv herauskristallisiert.

Die Verwendung transienter Klänge entspricht der Wirkung des *Förderns* (vgl. Abb. 36a-d).

Das Ein- und Ausschwingverhalten als periodische Wiederholung eines Einzeltones entspricht dem grundlegenden Schwingungsverhalten eines Tones. Wird eine Instrumentensaite gezupft, so entsteht ein „Vakuum“, ein Bereich, in dem nur sehr wenig Moleküle, d.h. Masse, vorhanden sind, und eine Grenzschicht, hinter der die Luftmoleküle sehr dicht gedrängt sind. Im Ausschwingen füllt sich das Vakuum wieder und die Dichte jenseits der „Grenze“ nimmt ab. Ein solch grundlegendes Schwingverhalten hat auch die Sprache der Delphine und Wale. Eine Art Stimm-Amplitude wird konstant aufgebaut und wieder abgebaut. In der einfachen Strukturierung liegt möglicherweise eine Erklärung für die gute Annahme der Delphinsprache durch Wachkoma-Patienten, Apalliker und Behinderte. Die menschliche Sprache ist im Gegensatz ein ständiges Auf und Ab verschiedener Amplituden. Die Einfachheit der Struktur der Delphinsprache und damit auch eines Monotones ist leichter zu verarbeiten.

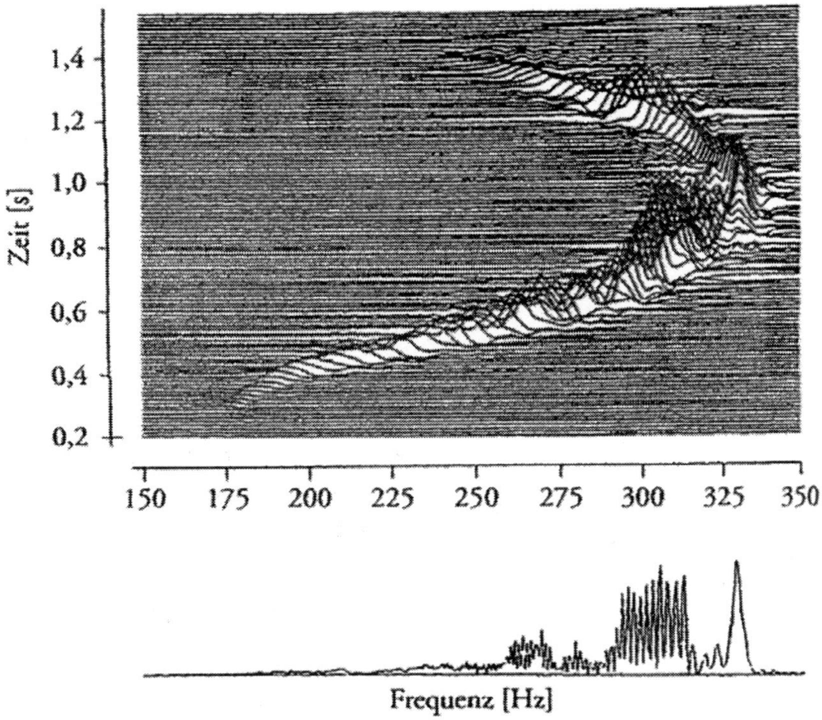

Abb. 37: „Delphin-Amplitude“

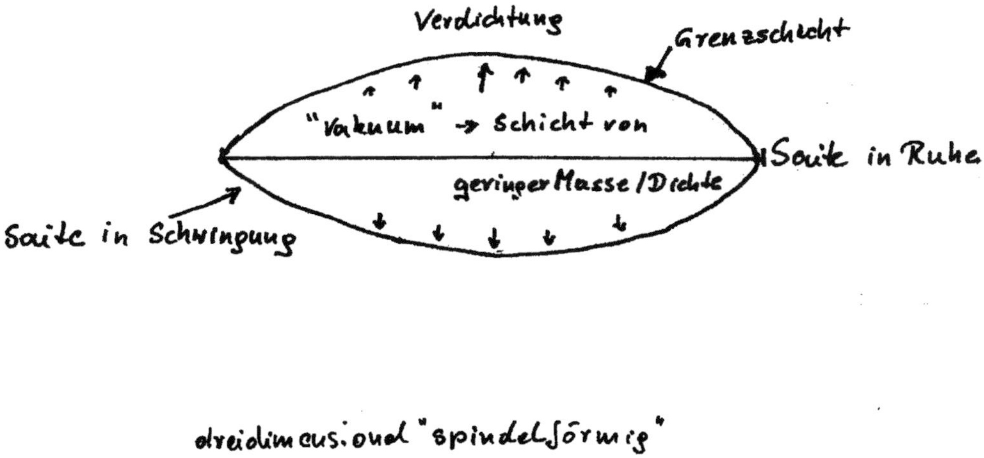

Abb. 38: Grenzbildung durch Schwingung

In der Software wird die Amplitudenhöhe in einer Skala prozentual anteilig zur vollen Lautstärke angegeben. Es empfiehlt sich dringend, diesen Wert zu testen oder zumindest nach dem optimalen Wohlgefühl des Patienten auszurichten. Laut ist nicht gleichbedeutend mit besser.

1.6 Klangcharakter

Die Wirkrichtungen *Dynamisierung* und *Sedierung* werden zusätzlich durch den Klangcharakter beeinflusst. Dieser bestimmt sich aus der Höhe der Grundtonfrequenz und der durch den Schallkörper charakterisierten zugehörigen Obertöne. Der Klangcharakter wird bestimmt durch den Schallkörper: das System, das zum Schwingen gebracht wird (Saite, Resonanzkörper, Trommelfell, Holz, Rohrblatt). Das Schwingsystem erzeugt eine tiefste Basisfrequenz, die Grundtonfrequenz. Darüber hinaus werden höhere, dem Schwingsystem spezifische Frequenzen zum Mitschwingen angeregt – die sog. Partialtöne. Die „harmonischen oder Obertöne“ schwingen in ganzzahligen Vielfachen der Grundtonfrequenz. Über die Charakteristik der Partial-/Obertöne ist die Unterscheidung und Wiedererkennung von Instrumenten und von Personen anhand der Sprache möglich.

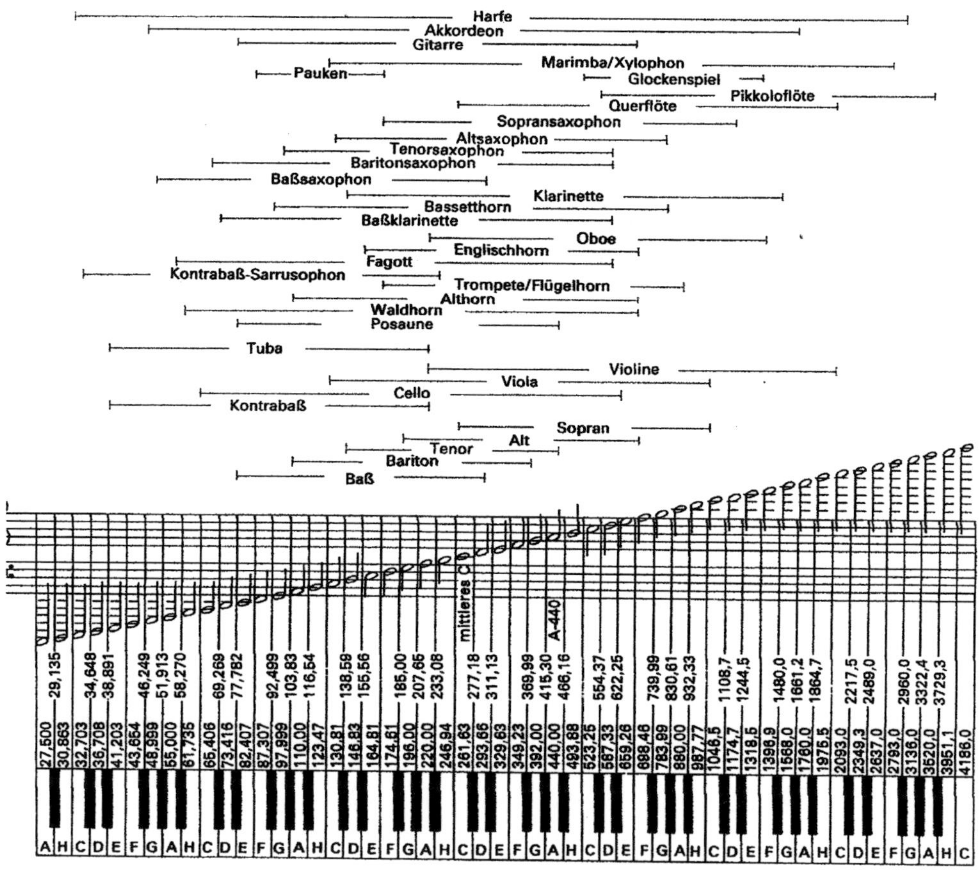

Abb. 39: Frequenzspektren der Instrumente

Die Auswahl eines ‚passenden' Instrumentes mit charakteristischem hohem Obertonspektrum unterstreicht und verstärkt die Information einer hohen Grundtonfrequenz bzw. mildert und begrenzt diese nach oben hin durch Wahl eines Instrumentes mit mittlerem Frequenzspektrum. Eine Grundtonfrequenz von 1000 Hz, die von einer Piccoloflöte vermittelt wird, lässt höhere Oktaven mitklingen als eine Oboe. 1000 Hz, von einer Oboe vermittelt, reduziert die Information innerhalb ihrer Frequenzgrenze von ca. 1500 Hz und bedeutet für den Patienten eine zusätzliche Minimierung der Therapiereize.

1.7 Hemi-Sync-Tec

Mit der *Hemi-Sync-Tec* werden tiefe Frequenzen unterhalb der Hörgrenze von 16 Hz erzeugt. Die amerikanischen Gehirnforscher Oster und Monroe entdeckten unabhängig voneinander, dass zwei Schallwellen, die sich in ihrer Frequenz nur minimal unterscheiden und die je von einem Ohr gehört werden, bestimmte Schwingungsmuster im Gehirn erzeugen. Durch Überlagerung der zwei Schwingungsfrequenzen rechts und links entsteht im Gehirn eine Summenkurve, die Schwebung, deren Frequenz der Differenz der beiden ursprünglichen Schwingungsfrequenzen entspricht.

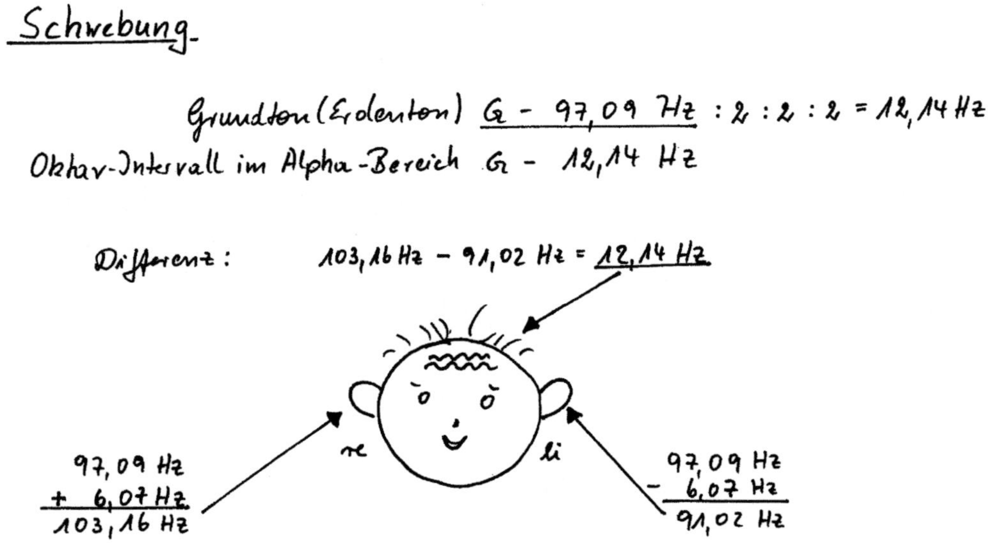

Abb. 40: Synchronisation der Gehirnhälften – Die Hemi-Sync-Methode

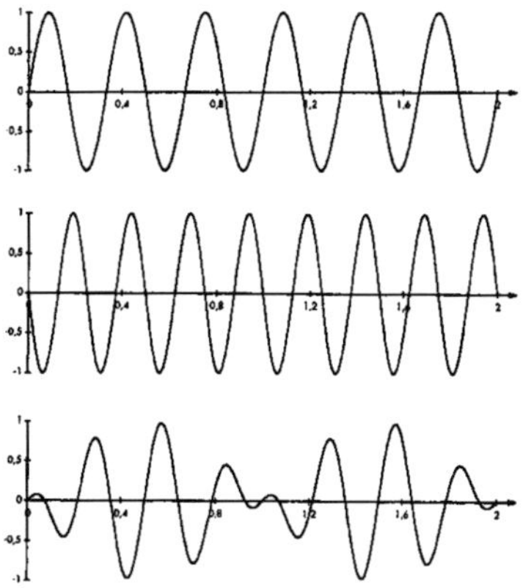

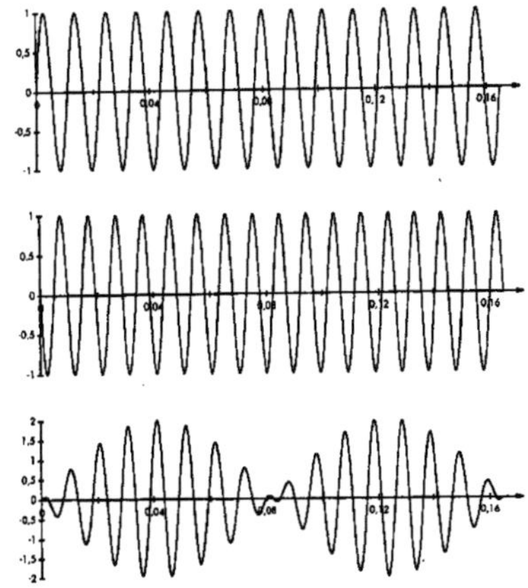

Abb. 40a: Überlagerung/ Addition einer Schwingung von 3 und 4 Hz und daraus resultierende Schwebung von 1 Hz

Abb. 40b: Tageston der Erde (97,09 Hz) und resultierende Alpha-Schwebung (12,14 Hz)

Diese so erzeugten niederfrequenten Wellenmuster entsprechen unterschiedlichen, natürlichen Bewusstseinszuständen wie Entspannung, Halbschlaf, Traumphase, Tiefschlaf und den damit verbundenen analogen Gesamtorganismuszuständen. Aus der Chronobiologie ist bekannt, dass rhythmische Funktionsabläufe im Organismus, die ihre Arbeit tagsüber verrichten, nachts wieder in ihre Ruhephase zurückkehren. Schwebung ermöglicht die ‚Nachtruhe zwischendurch'. Der Klang wird erlebt als Auf-und-Ab, als Laut-Leise-Schwankung. Werden diese definierten Wellenmuster gezielt erzeugt, werden in der Folge die entsprechenden Bewusstseins- bzw. Organismuszustände erreicht. R. Füß schreibt dazu: *„Ich therapiere nicht das Gehirn, sondern* wie *das Gehirn."*

Die Therapie erfährt eine tiefgreifende Unterstützung in ihrer Wirkung durch Einsatz der Hemi-Sync-Methode.

Wellenbereich	Frequenz	Zustand
Gamma	32-64 Hz	wach
Beta	16-32 Hz	nach außen gerichtete Konzentration; im oberen Beta-Bereich: wach, alarmbereit, aktiv, vermehrte Ausschüttung von Stresshormonen (Adrenalin, Noradrenalin), Aggression
Alpha	8-16 Hz	völlige wache Entspannung, ruhige gelassene Aufmerksamkeit, Stabilisierung, intellektuelle Beruhigung
Theta	4-8 Hz	intellektuelle Denkfähigkeit ist abgeschaltet, Inspiration, Intuition, bildhafte Vorstellung, Erinnerung, Lerninhalte besonders einprägsam, Regeneration auf psychischer Basis, tiefe Entspannung, entspricht der REM-Schlafphase
Delta	1-4 Hz	tiefer traumloser Schlaf, Tiefenhypnose, Selbstheilung, Regeneration auf physischer Ebene

2. CDs

Jeder Mensch ist zwar ein Individuum, aber dennoch gibt es viele Gemeinsamkeiten. Aus der therapeutischen Praxis und Erfahrung haben sich spezielle Töne mit relativer Allgemeingültigkeit herauskristallisiert. Sie wurden auf CD festgehalten und bieten schnellen Zugriff für die tägliche Stressregulation, vor allem auch für eine Eigenbehandlung. 4 – 5 Klänge sind jeweils zu speziellen Themenbereichen auf einer CD zusammengefasst. Der Anwender trifft seine eigene Auswahl nach seinem individuellen Beschwerdebild und verwendet sie unter Beachtung des Kriteriums seines „Wohlfühlens". Die CDs eignen sich besonders gut für den privaten Bereich und den persönlichen Gebrauch, können aber ebensogut in jedes therapeutische Behandlungskonzept einfließen. (Die CDs können direkt über das Institut für Gesundheit bezogen werden, Anschrift siehe Seite 4 dieses Buches.)

Die Klänge wurden unter den folgenden Aspekten entwickelt und zusammengestellt:

zum Muskelaufbau
Ein gesunder Organismus funktioniert auf der Basis gesunder Ernährung und natürlicher, ausgewogener Bewegung. Der Muskel ist *der* Energielieferant. In ihm werden Nährstoffe zu der für den gesamten Organismus lebenswichtigen Energie umgebaut. Er liefert quasi „den Treibstoff" für den Körper. Muskelaufbau sollte sanft geschehen durch leichte, aerobe und gleichmäßige Bewegung.
Unterstützend wirken die Klanginformationen dieser CD, optimal in Verbindung mit der leichten Vibration des Resonanzgerätes, das den Körper bzw. die speziellen Körperstellen wie Bein, Bauch, Arm usw. auf feinste Art „massiert" und sanft in mechanische Vibration versetzt.

zum Energieaufbau
Körperliche und seelische Belastungen, Stress und Krankheit rauben ständig Kräfte und Energie.
Mit diesen Klängen ist eine sanfte bis kräftige angenehme Energiespende verbunden.

zum Wohlfühlen

Der Wunsch, sich selbst etwas Gutes zu tun: Das bin ich mir wert! Das habe ich mir jetzt verdient! Eine kleine Belohnung für mich!

1. Sanfte Entspannung, Loslassen
2. Leichte Anregung, Energie wird frei
3. Anregung, Fitness, Energiesteigerung
4. Tiefe Entspannung

Mit diesen Klängen werden auch Wurzel-, Sakral-, Solarplexus- und Herzchakra erreicht. Besonders Frauen empfinden eine wohltuende Lösung in diesen Bereichen.

zur Erholung

Der Alltag bringt den Menschen zu oft aus dem Gleichgewicht: Anforderungen, Hetze, Ängste, Enttäuschungen, Stress! Die Klänge dieser CD ermöglichen es, „einfach zwischendurch" Abstand zu schaffen, zu sich selbst zu finden, einen Moment der Ruhe und Gelassenheit zu finden, das innere Gleichgewicht wieder aufzubauen.

Abends erleichtern sie, abzuschalten, zur Ruhe zu kommen, einzuschlafen.

bei Ohrgeräuschen

(Tinnitus-Konzept vgl. Kap. VII 4)

1. Entspannungs-Programm
2. Lösung von Blockaden – empfohlen wird eine therapeutische Begleitung
3. CD zum Energieaufbau

zur Gewichtsregulierung/Fettstoffwechsel

Ich nehme an Gewicht zu, obwohl ich kaum etwas esse! – Diese verzweifelte Lage beruht oft auf den heute immer häufiger werdenden Stoffwechselstörungen, insbesondere des Fettstoffwechsels. Dieser ist gestört und statt dessen ist der Zuckerstoffwechsel angefacht und verstärkt. Die Funktion der beteiligten Organe muss unterstützt werden, um den Fettstoffwechsel wieder anzuregen. Ein sanfter Aufbau der fettverbrennenden Tiefenmuskulatur ist begleitend unbedingt notwendig. Laufen Sie in Gedanken mit dem Jäger der Steinzeit leicht und ausdauernd über weite Ebenen und Berge, durch Busch und Wald! Frischer Sauerstoff ist gut, öffnen Sie das Fenster beim Hören der CD. Eine gute Kombination ist die Verwendung der CD zum Muskelaufbau.

1. Leber/Galle stärken
2. allgemein Blockaden lösen
3. Fettstoffwechsel
4. Visualisierung: „In Gedanken laufen“

zur Verdauungsförderung und Entschlackung

Unruhe, Termine, langdauernde sitzende Tätigkeit, Bewegungsmangel, schnelles und unregelmäßiges Essen, aber auch Krankheit und Bettlägerigkeit beeinträchtigen sehr schnell das gesamte Verdauungssystem in seiner Funktion. Verstopfung, unregelmäßiger Stuhlgang, Blähungen, Völlegefühl sind belastende Folgen. Häufig ist das Niere-Blase-System ebenfalls gestört. Die Funktion der Verdauungsorgane muss unterstützt werden, um zum natürlichen Rhythmus zurückzugelangen.

1. + 2. Darm-System
3. + 4. Niere-Blase-System

bei Schmerz

Akuter und chronischer Schmerz bedeutet Dauerstress! Ständig fordert er auf, sich mit ihm zu beschäftigen und zwar ganz: körperlich wie seelisch/geistig, unter ständigem Energieeinsatz.

Klänge unterstützen den Energieeinsatz mit dem Ziel von Schmerzlinderung und Beruhigung.

1. + 2. passive Schmerzbewältigung: Trost, Geborgenheit, Wärme, Sich-fallen-Lassen
3. aktive Schmerzbewältigung: Annehmen und Anerkennen des Schmerzes, Loslassen
4. Ruhe

bei depressiver Verstimmung
Niedergeschlagenheit, depressive Stimmung, Lustlosigkeit, oft grundlos und plötzlich da, wirken auf die täglichen Aktivitäten dämpfend. Klänge können aufmuntern wie das Sonnenlicht. Diese Klänge sind „Sonnenklänge“.

bei gestauter Lymphe
Eine Stauung des Lymphflusses ist maßgeblich beteiligt bei den unterschiedlichsten Symptomen: zum Beispiel bei Migräne und Cellulitis. Diese Klänge unterstützen das Freibleiben des Lymphabflusses wie auch das Öffnen gestauter Lymphabflüsse. Optimal werden kleine leichte (Ohr-)Kopfhörer auf „Schlüsselpunkte“ gelegt, z.B. im Halsbereich und in der Leiste.

für Pflanzen
Pflanzen sind hochsensible Organismen. Viele Studien und Erfahrungen beweisen die spezielle Reaktion von Pflanzen auf Schall. Bei Stressfaktoren wie Trockenheit/Nässe, fehlendem Licht oder fehlenden Nährstoffen, Schädlingen, Krankheiten können Klänge zusätzlich unterstützend wirksam werden und neuen Energie- und Strukturaufbau unterstützen.

3. Klangvermittler: Vibrations-/Resonanzgeräte

Fühlen und Hören sind die beiden Sinne, die im Embryonalstadium als erste ausgebildet werden. Ab dem 22. Tag entwickelt sich das Gehör: zuerst das Innenohr mit dem Vestibularapparat (Gleichgewichtsorgan) zur Registrierung von Bewegungen und Rhythmen. Nach Tomatis’ Auffassung ist die Registrierung des Frequenzbereichs von 0 bis 800 Hz dem Vestibularapparat vorbehalten. Hier werden eingehende Impulse quantitativ erfasst und in Rhythmen, zeitliche Abfolgen und relative Intensitäten zerlegt. Erst danach folgt die eigentliche qualitative Frequenzanalyse über das Hörorgan. Die Auslenkung der Amplitude tiefer Frequenzen ist körperlich spürbar zu machen über Vibratoren. O. Skille (vgl. Berger) vergleicht den Menschen mit einem wassergefüllten „Sack mit Ohren", der beim Kontakt mit Klang schwingt, vibriert und hört. *„Der Vibrator ermöglicht es, den direkten Einfluß auf das Körpergefühl – also auf das Gleichgewichtsorgan – auszuüben sowie die Hautsensibilität und die Knochenleitung zu fördern und bewusst zu machen."* (Tomatis) Ein großer Teil des primitiven Hirnstamms ist für die Verarbeitung dieser Reize zuständig. In verschiedenen Studien wurde der potenzierende Effekt gleichzeitiger Schall-‚Darbietung' über Ohr und Vibration festgestellt: *„Studien ... zeigen ... den potenzierenden Effekt der multi-sensorischen Zellen, welche u.a. auch im Superior colliculus (Gehirnteil, der für die Integration der Sinne steht) vorhanden sind, und somit reagiert der ganze Körper auf die gleichzeitige und somatosensorische Stimulierung besonders stark."* (Shiftan in: Berger)

Aus diesem Ansatz heraus werden die therapeutischen Frequenzen sowohl über hochwertige handelsübliche Lautsprecher/Kopfhörer als auch über speziell angefertigte bzw. kompatible Endgeräte vermittelt.

3.1 Lautsprecher/Kopfhörer

Die Verwendung eines hochwertigen Stereo-Kopfhörers ist sehr zu empfehlen. Eine qualitativ gute Wiedergabe der Klänge ist Voraussetzung für eine erfolgreiche Therapie. Einsatz und Nutzen der Hemi-Sync-Tec wird optimal über die Stereowiedergabe des Kopfhörers ermöglicht.

3.2 Klang-Glocke

Eine handliche „Glocke" bringt „Bewegung in die Therapie". Die handgefertigte formschöne Naturholz-Glocke ist überall am Körper anzulegen. Ihre Vibration gibt die körperlich entspannenden tiefen Frequenzen wieder und bewirkt das Gefühl einer feinsten Mikromassage. Dies wirkt körperlich wohltuend und in Folge seelisch-geistig wohltuend. Ansatzpunkte sind u.a. Schmerzstellen, „disharmonische" Organbereiche, Chakren, Solarplexus (erstes Hirn), verspannte Muskelpartien, Wirbelsäulen-/Rückenbereich, Akupunkturpunkte, Reflexzonen usw. Über Knochen- und Bindegewebswasserleitung erhält jede Zelle und das Gehirn die fehlende Information zur Weiterverarbeitung, zur Regulierung des Gesamtstoffwechsels.

3.3 Klang-Box

Die Klang-Box als Resonanz-/Vibrationskörper eignet sich aufgrund ihrer Form und Größe als Podest und lässt sich einfach zu gewünschten Größen kombinieren. Dies bietet sich vor allem im Anwendungsbereich von Menschen an, die sich nur schwierig über einen gewissen Zeitraum stabil lagern können. Kinder und auch Behinderte lieben ganzkörperliche Erfahrungen. Ebenso hilfreich ist die große Box bei Anwendern, die schlecht umgelagert werden können.
Weiteren Einsatz findet die Box im Bereich der Meditation als Sitzgelegenheit.
Eine Ausweitung der Möglichkeiten ist hiermit auch für die Anwendung bei Tieren gegeben.

3.4 Schmerzfreie Laserakupunktur

Für Akupunkteure gibt es eine sinnvolle Ergänzung durch ein Laserakupunkturgerät für bis zu 14 Punkte, das auf Wunsch kompatibel gefertigt wird, um frequenzanalog zu lasern.

3.5 Klang-Massage-Sessel

Diese Kombination von Klang + Klang-Vibration + Massage vermittelt eine ganzheitliche Erfahrung intensivster Ausprägung. Die „groben“ Frequenzen einer ausgewogenen Qualitäts-Rückenmassage werden kombinierbar mit der feinen harmonikalen Mikromassage der Klangvibration und dem gleichzeitigen harmonischen Klangerlebnis über das Ohr.

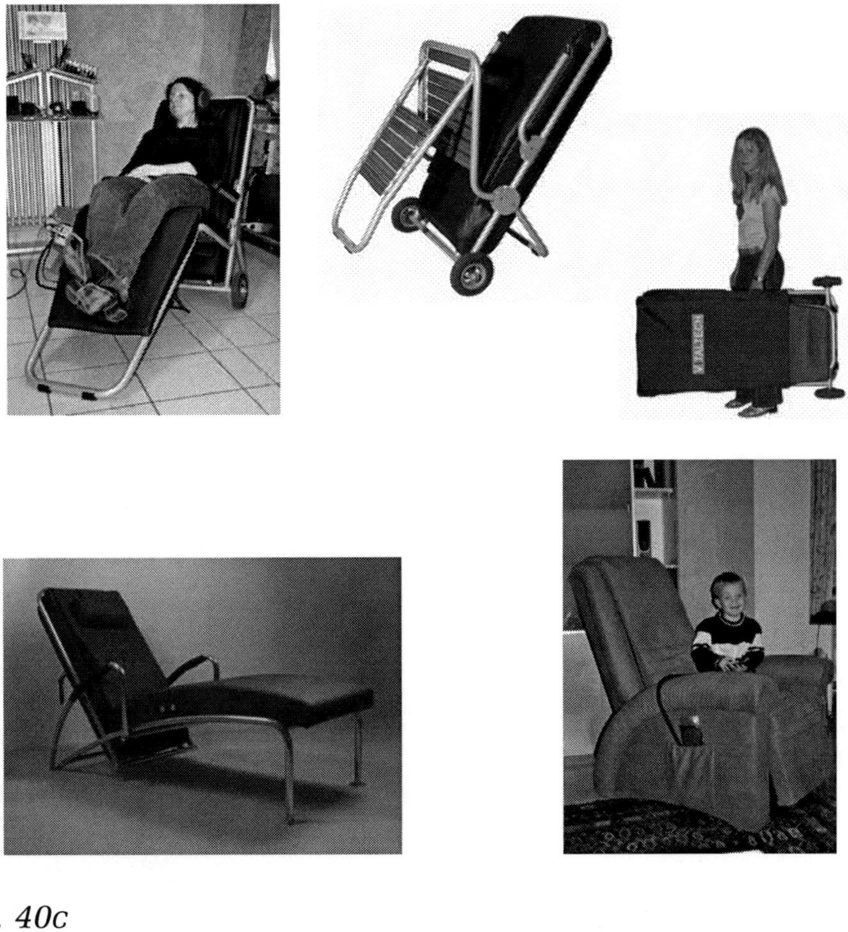

Abb. 40c

Für den Einsatz im Sport- und Fitnessbereich bietet sich ein spezielles Massagegerät mit integriertem Akusto-Modul oder ein Longchair an (o. Abb.).

IV. Praktische Vorgehensweise

1. Allgemeines

Sinn und Zweck und Möglichkeiten für einen gezielten, individuell abgestimmten Einsatz des Kommunikationsmittels ‚Klang' sind beschrieben und lassen sich durch weitere unzählige Hinweise aus Literatur und Wissenschaft verstärken.
Die Praxis erfordert ein konkretes Hilfsmittel, ein Handwerkszeug, zur Erstellung von individuellen Klängen. Diesem Buch liegen die Erfahrungen aus der Arbeit mit unserer speziell entwickelten Software zugrunde. Diese ist ein einfach zu handhabendes Programm, das innerhalb einer einzigen Maske unterschiedliche Klang-Parameter moduliert. Die Klang-Modulation erfolgt unter Berücksichtigung von Grundtonwahl, Grundton(frequenz)höhe (Spektrum von 8 Oktaven), Klangcharakter (Instrumentenwahl), Intervallbetonung (Oktave, Quinte usw.), Klangintensität, indirekter „Rhythmisierung" (Amplitudenregelung), Hemi-Sync-Tec (Gehirnwellenbereiche Alpha usw.).

Den Beginn einer Therapie kennzeichnet wie jede Kommunikation das Kennenlernen des Gegenüber. Voraussetzung ist eine beiderseitige Bereitschaft, bewusst zu kommunizieren, bewusst Informationen zu senden und zu empfangen in einer vertrauensvollen, sicheren, angstfreien Atmosphäre (positives Setting).
Eine ausführliche Anamnese unter Berücksichtigung schul- wie ganzheitsmedizinischer Aspekte und Diagnosestellung ermöglicht ein gezieltes Vorgehen.
Die Klangerstellung kann der Therapeut rational und/oder intuitiv/mental oder mittels energetischer Testverfahren handhaben.
Die energetische, d.h. sensitiv-sensible Erfassung, die Nutzung des leider so vernachlässigten 6. und 7. Sinnes, erfährt hier einen erhöhten Stellenwert – für Therapeut und Patient. Viele

im ganzheitsmedizinischen Bereich tätige Therapeuten arbeiten mit energetischen Testverfahren wie RAC, Pendel, Biotensor, Kinesiologie, Elektroakupunktur n. Voll u.ä., die zur Aufspürung des Grundtones und seiner Modifikationen optimal zur Geltung kommen.

Der Ton lässt sich ebenfalls aus dem Wissensbereich des Therapeuten ‚schöpfen'. Seine Kenntnisse über die Wirkungsweise der Töne, seine Kenntnisse medizinischer, musikalischer, astrologischer, mathematischer, chemisch/physikalischer Fakten und Zusammenhänge führt rational bewusst zu einer Tonbestimmung. Erfahrung rundet diese Vorgehensweise ab.

Die Klangmodulation bzgl. der einzustellenden Parameter kann auch in Absprache mit dem Patienten vollzogen werden unter der Vorgabe des ‚Wohlklanges', da ja die Regulation des Stoffwechsels in Richtung erneutes Wohlfühlen und Gesunden erfolgen soll. Dies ist erfahrungsgemäß ein relativ zeitaufwendiges Verfahren.

Eine spezielle Sprachfrequenzanalyse ist in der Erprobungsphase. Anhand einer solchen Frequenzanalyse lassen sich Auffälligkeiten hinsichtlich Diagnose und gezielter Klangerstellung im Sinne von ‚Hemmen', ‚Fördern' und ‚Blockadelösung' interpretieren und ermitteln. Wichtig ist hier die Möglichkeit der objektivierbaren Demonstration von aktuellen und chronischen Besonderheiten und deren Veränderung durch entsprechende Klangfrequenzanwendung.

Neueste Erfahrungen in der Therapie zeigen eine gute und sinnvolle Unterstützung durch die Verwendung der „Sanften Brille". Das bewusste Ausschalten des für den heutigen Menschen alles dominierenden *Seh*-Sinnes führt noch leichter hin zu *Hören* und *Fühlen* (vgl. Anhang).

Unabhängig von jeder Vorgehensweise ist das abschließende „Wohlfühl-Urteil" des Patienten!

2. Erzeugung der akustischen Information, Klangschöpfung

2.1 Grundtonfindung

Der erste Schritt der Klangerstellung besteht in der Festsetzung des Grundtones und seiner Frequenz.

Die Auswahl des Grundtones ist bestimmend für das nachfolgende Geschehen. Der Therapeut wählt den Ton für den Patienten, oder der Patient wählt selbst.

Durch die Option freier Frequenzeingabe lässt die Software individuellste Freiheit in der Therapie zu. Eigene und der Literatur entnommene Frequenzangaben lassen sich mit einer Genauigkeit von 4 Stellen hinter dem Komma zwischen 16 und 4000 Hz selbst eingeben. Ein Mouseklick erweitert diese Grenze auf ca. 12.500 Hz. Diese Möglichkeit wird umso interessanter, als in Zukunft sicherlich zunehmend Tonfrequenzzuordnungen gefunden werden, die dann einfach eingespeist werden können. Tonfrequenzen größer als 12.500 Hz sind durch Obertöne abgedeckt, Frequenzen zwischen 1,1 Hz und 8 Hz durch Schwebungsfrequenzen zu erzeugen.

Die Software bietet eine Farbskala für den heutigen visuelldominanten Menschentyp, um über die Farb-Ton-Analogie spontan den passenden Ton zu finden. Die Aufgabe der Tonfindung kann vom Therapeuten gelöst werden, aber auch direkt an den Patienten delegiert werden, um damit dessen Eigenverantwortung anzuregen. Die Fragestellung ist denkbar einfach: „Welche Farbe und damit welcher Ton ist momentan hinsichtlich der gewünschten Zielsetzung optimal für mich?“ oder: „In welche Farbe möchte ich mich, meinen Schmerz usw. einhüllen?“ bzw. „Welche Farbe und damit welchen Ton lehne ich total ab?“ – Mit der letzten Fragestellung werden die Weichen für eine Blockadelösung gestellt.
So simpel diese Methode erscheint, so effektiv ist sie, da jeder Mensch – unserer Erfahrung nach – seine ihm eigene Sensibi-

lität bewahrt hat, auch in unserer heutigen Zeit. Er weiß und spürt am besten, was er braucht.
Aus der praktischen, täglichen Anwendung heraus ist dies eine beeindruckend einfache und – vor allem – stimmige Tonfindung.

Eine Auswahlliste mit den Frequenzen der Planeten bietet einen andersartigen Einstieg (vgl. Anhang: Planetentöne nach Cousto). Ihre Verwendung ist im Sinne einer allgemeinen Basistherapie möglich, beispielsweise mit der Anwendung der Erdtöne.

Eine weitere Art der Grundtonfindung besteht über die Verwendung der Diagnose-Datei „Pius“. Hier sind intuitiv und erfahrungsmäßig gefundenen Tonfrequenzzuordnungen zu einer Vielzahl von Diagnosen, Symptomen und Organen hinterlegt.

Weitere praxisbezogene Dateien sind in Vorbereitung und Überarbeitung. Hier fließen ständig Erfahrungen der Anwender und neue Erkenntnisse ein.

2.2 Bestimmung der Grundtonfrequenz, des Oktavbereiches

Für die Wahl der Grundfrequenz steht ein Umfang von 8 Oktaven zur Verfügung, von der Subkontra bis zur 4-gestrichenen Oktave. Das Hör-Wohlbefinden spielt hier die ausschlaggebende Rolle, wenn nicht durch vorhergehende Diagnose und Testung eine bestimmte Frequenz festgelegt wurde. Tiefe Frequenzen wirken eher körperlich entspannend, relaxierend, bis hin zur Erschlaffung, hohe Frequenzen wirken dagegen dynamisierend, energiesteigernd, anregend bis aufregend.

2.3 Bestimmung des Klangcharakters

Nach Festlegung der Grundtonfrequenz wird über das Wiedergabeinstrument der Klangcharakter festgelegt. Die Kenntnis der charakteristischen Obertonspektren der einzelnen Instrumente, d.h. ihrer eigenspezifischen Frequenzbreite (vgl. Abb. 39), ermöglicht es, die Wirkung der Basisfrequenz zu unterstreichen, hervorzuheben, zu verstärken. Instrumente mit hochfrequenter Obertonreihe und dem hellen, klaren Charakter eines Blechblasinstrumentes wie einer Trompete eignen sich bevorzugt für die Wiedergabe hoher Frequenzen. Ein warmer, gedämpfter Charakter eines Holzblasinstrumentes oder Streichinstrumentes wie Oboe oder Cello unterstreicht die Wirkung tiefer Basisfrequenzen. Über den Klangcharakter der Instrumente ist gezielte Information gefühls- und stimmungsmäßiger Natur möglich. Eine Frequenz erhält vollkommen differente emotionelle Wirkung über das Instrumentarium. Eine Violine oder ein Streichorchester lässt einen Ton „schmelzen", eine Trompete schmettert ihn, die Orgel „schallt" ihn. Erinnerungen an Ereignisse werden häufig über ein Instrument geweckt: der Orgelton bringt häufig Kindheit und Kirche und damit alte/aktuelle religiös/weltanschauliche, kindlich/elterliche, ordnungs/freiheitliche Themen hervor.

Die Software bietet eine Auswahl von über 100 Klangerzeugern an. Klassifizierungen lassen sich über die Einteilung in Blas-, Streich-, Tasten-, Zupf-, Schlaginstrumente und sonstige Klangerzeuger machen. Prinzipiell ist zu beachten, dass Schlag- und Zupfinstrumente ein Halten des Klanges erschweren, wenn nicht unmöglich machen. Sie werden deshalb höchstens unter dem Gesichtspunkt ‚Dynamisierung' und ‚Förderung' eingesetzt.
Ein Einzel-Instrument wie die Violine oder Oboe klingt leiser als mehrere Instrumente wie Streicher oder Bläser.

Das Lieblingsinstrument des Patienten zu verwenden, führte in der Praxis oft zu Enttäuschung, denn der Einzelklang hört sich ‚anders' an als der in eine Melodie eingebettete Klang und wurde deshalb oft empört als ‚fremd' abgelehnt. Erst die Erklärung, dass die dominante Zielsetzung der therapeutische Effekt, nicht der ästhetische wie im Konzertsaal sei, brachte danach Einsicht, wenn auch nicht immer die Annahme des Instrumentes.

Es finden sich in der Literatur vereinzelt Anregungen: *„Für den Entspannungseffekt steht an der Spitze die Oboe, dann folgen Klavier, das Cello und die Violine, die Klarinette und die Orgel."* (Harms in: Berger)
Doch auch hier gilt: die individuelle Geschichte ist vorrangig. Wen die kleine Schwester mit ‚Hänschen klein' am Klavier wochenlang genervt hat, der entspannt bei ‚Klavier' nicht so einfach.

2.4 Bestimmung von Intervallen

Die klassischen harmonikalen Intervalle Oktave, Quinte, Quarte, große und kleine Terz können innerhalb einer Bandbreite von 6 Oktaven zugeschaltet werden.
Durch zusätzliche Verwendung von Intervallen wird die Grundtonfrequenz eingebettet in ein Beziehungsnetz und die eigenen Obertöne werden in ihrer Wirkung verstärkt, die Information ‚pointiert'. Der Klang wird ‚voller' und lauter. Auf diese Weise kann die Einzelsymptomatik in ihrer Beziehung zum Gesamtorganismus angesprochen werden. Ursache und Wirkung sind gleichzeitig zu therapieren. Das Gesamtgeschehen in seiner Vernetzung kann harmonikal angeregt werden im Sinne einer positiven Verstärkung und einer Energie- und Leistungseffizienzsteigerung. Die Wahl der Intervalle erfolgt auf der Basis der Zielsetzung und des Wissens um die Wirkung der Intervall-Information (vgl. Intervalle) bzw. über Testung.

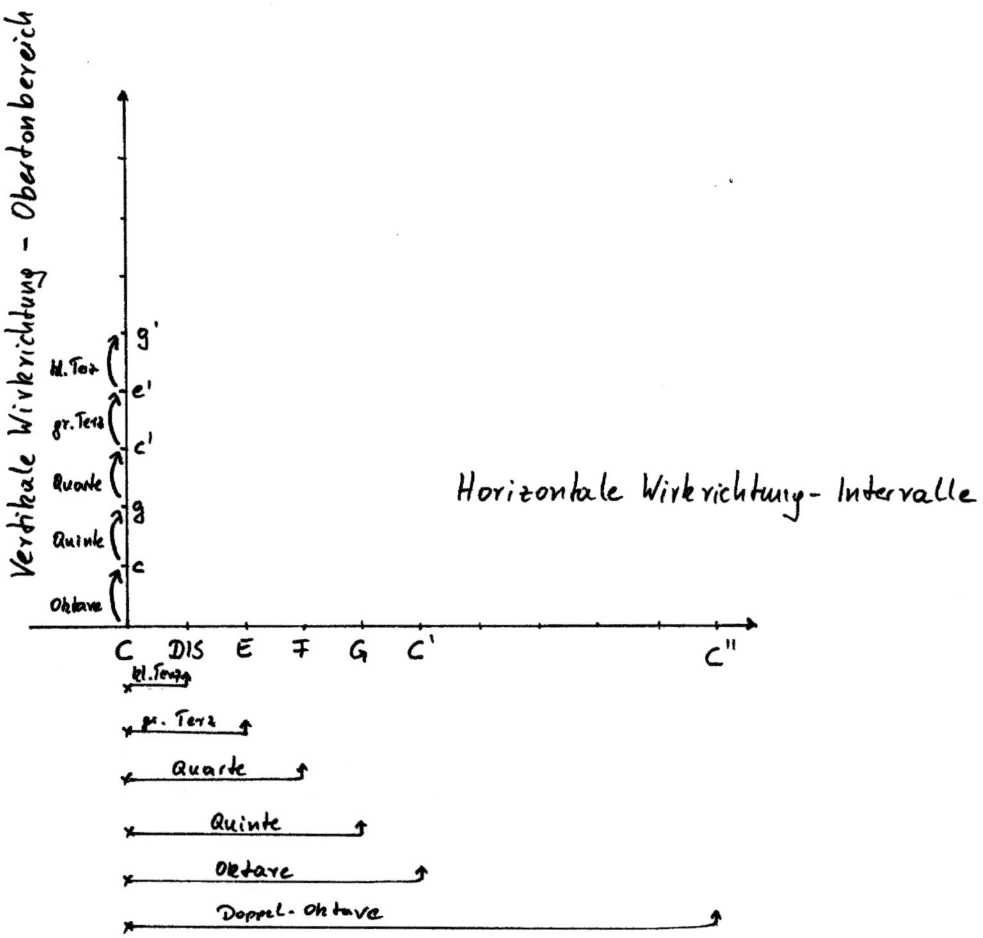

Abb. 41: Obertonverstärkung über Intervallzuschaltung

2.5 Bestimmung zeitlich/rhythmischer Signalsetzung

Mit der Modulation der Amplitude, der Lautstärkeregulierung, verbindet sich die Intention der Dynamisierung und Förderung bzw. der Sedierung und Hemmung.
Physiologische Rhythmen im tiefstfrequenten Bereich wie Atem- oder Herzfrequenz können hierüber ebenfalls dargestellt werden (z.B. 4 Klänge/Min.).

Das rhythmisierende Schwingverhalten des Monotons wird nacheinander über die Parameter ‚Einklang' – ‚Halten' – ‚Ausklang' – ‚Pause' in Sekunden‚blöcken' festgelegt.

Nachfolgend wird die maximale Lautstärke prozentual abgetestet bzw. nach Wohlempfinden festgelegt. Lauter ist nicht gleich besser!

2.6 Bestimmung von Tiefstfrequenzen, Schwebung

Die Zuschaltung der Hemi-Sync-Tec ist bewusst mit einem gesonderten Arbeitsschritt verbunden. Klang wirkt als Katalysator. Die Möglichkeit, sehr rasch in Zustände zu versetzen, die das Unterbewusste mobilisieren, macht eine verantwortliche und bewusste Entscheidung zur Voraussetzung. Für Therapeut und Anwender ist eine absolute Vertrauensbasis, Bereitschaft und Fähigkeit zu psychotherapeutischem Eingriff und Verarbeitung unabdingbar.
Die Schwebungsfrequenzen sind per Einstellung automatisch harmonikal oktavgerecht auf der Grundtonfrequenz aufgebaut. Für psychotherapeutische Zwecke ist mit der Klang-Schwebung eine gezielte und schnell wirksame Einstimmung auf das persönliche Thema möglich. – Da, wo Sprache nicht mehr hinkommt, findet Klang immer noch einen sanften Weg.
Mit der Unterlegung einer Alpha-Schwebung lassen sich Konzentration, Kreativ- und Lernprozesse auch im Alltag positiv beeinflussen. In diesem Zustand sind die beiden Gehirnhälften synchronisiert und zu ganzheitlicher Verarbeitung von Reizen bereit.

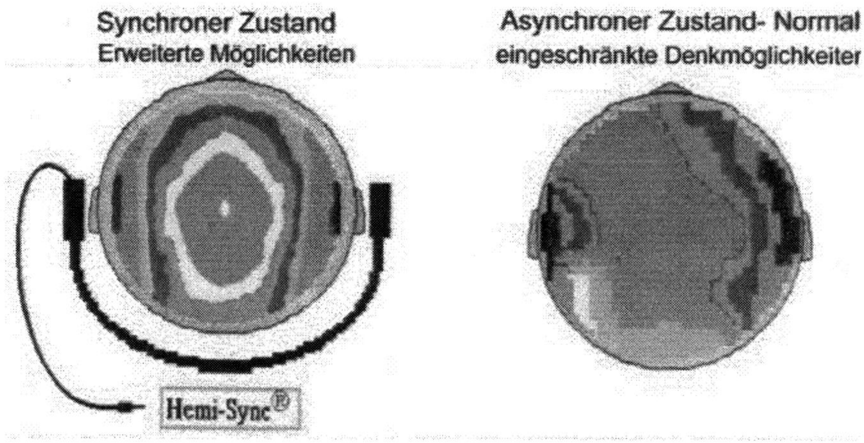

Abb. 42: Synchronisation der Gehirnhälften mittels Schwebungsfrequenzen

2.7 Bestimmung der Anwendungsdauer

Aus der Erfahrung haben sich Therapiezeiten von 7, 14 und 21 Minuten bewährt. Je labiler das Stoffwechselsystem des Patienten ist, dessen System jeder kleinste Reiz aus dem Gleichgewicht wirft, dessen Reizschwelle zu hoch liegt, umso kürzer ist anfänglich der Therapiereiz zu wählen – manchmal nur 1, 2, 3 Minuten. Er kann mit fortschreitender Stabilisierung verlängert werden.

Ein lebender Organismus, der sich durch Hemm- und Förder-Kontrollmechanismen ständig lebendig erhält, dessen Selbstregulierung existentiell von diesen ständigen Rückkoppelungsprozessen abhängt, muss aus diesem Grund einen natürlichen Schutz vor manipulativen Einwirkungen von außen erhalten, auch vor therapeutischen Einwirkungen. Hier sei noch einmal auf das optimale Bio-Feedback über das Gehör hingewiesen.

Daraus folgt, dass es für den Anwender/Patienten wichtig ist, die Möglichkeit zu haben, sofort den Klang selbst zu beenden bzw. beenden zu lassen. Der Anwender ist sein eigener bester Therapeut. Nur er hat das sofortige Feedback seines Organismus.

Wichtig ist, das System wieder in Bewegung zu setzen, das chaotische Gleichgewicht zu erreichen und nicht über die, wenn auch therapeutisch gut gemeinte, Klanginformation eine strukturierte Starre zu verursachen. Die Eigenregulation des Organismus muss in Gang gesetzt werden bzw. immer erhalten bleiben. Die Selbstbestimmung über das Wecken und Tätigwerden der Selbstheilungskräfte muss dem Patienten bewahrt werden. Aus diesem Grunde ist immer der Patient ausschlaggebend für die tatsächliche Zeitspanne der Klanganwendung. Er erhält damit seinen Eigenanteil an der Verantwortung für sich selbst. Seine Verantwortlichkeit und Sensibilität werden mit dem Auftrag, das eigene Wohlfühlen ständig zu überprüfen und gegebenenfalls sogar eine eigene Entscheidung zum Abbruch der Therapie zu fällen, gefordert und gefördert. – Ein m.E. nach nicht zu unterschätzender begleitender Effekt unter dem Aspekt des ‚mündigen' Patienten (und Bürgers).

V. Aus der Praxis – Fallbeispiele

Die große Bandbreite an Erfahrungen zeigen folgende Fallbeispiele:

Verletzungen
Patientin, 57 Jahre, nach Treppensturz großes Hämatom im Bereich des Gesäßes, starke Schmerzen, deutliche Beweglichkeitseinschränkung beim Gehen, Aufstehen und Hinsetzen. –
Im Anschluss an die 1. Behandlung äußert die Patientin deutliche Schmerzreduzierung und deutlich verbesserte Beweglichkeit. Sie nimmt den Klang auf CD mit nach Hause. Innerhalb der nächsten 3-4 Tage klingen die Beschwerden weiter ab – ohne zusätzliche Medikation, nach 1 Woche ist die Patientin beschwerdefrei.

Patientin, 27 Jahre, nach schwerem Fahrrad-Sturz diffuse Prellungen, Schürfwunden u.a. im Gesichtsbereich, schmerzhafte Fraktur am Radiusköpfchen li. –
Anfangs tägliche Klang-Behandlung. Auch hier wird unmittelbar nach der 1. Behandlung eine deutliche Schmerzminderung angegeben, die sich zunehmend im Verlauf von 3 Wochen zur Schmerzfreiheit bessert. Sowohl Hämatomrückbildung wie Frakturheilung sind wider Erwarten des mitbehandelnden Chirurgen (Prognose: 6-8 Wochen) bereits nach 3 Wochen abgeschlossen.

Akute Erkältungen/grippale Infekte
Patientin, 31 Jahre, beginnender grippaler Infekt, diffuses Missempfinden, Schnupfen, Kopfschmerz, Gliederschmerzen, Temperatur um 38,5 Grad. –
Nach der Behandlung wird ein deutlich verbessertes Allgemeinbefinden und Minderung der Schmerzen angegeben. Die Patientin nimmt den Klang mit nach Hause. Ohne weitere Medikation bleibt die Patientin arbeitsfähig.

Niereninsuffizienz
Patientin, 58 Jahre, Niereninsuffizienz bei Schrumpfniere li. und eingeschränkt arbeitender Niere re. –
Die Behandlung wird zusammen mit einem Phytotherapeutikum und einer Ernährungsumstellung im Sinne der IHRE-Ernährung über 1 Jahr in zunehmend größeren Zeitabständen vorgenommen. Eine weitere Wasseransammlung kann ohne zusätzliche Medikation verhindert werden.

Spastik
Mädchen, 12 Jahre, von Geburt an Tetraspastik, Gehhilfe. –
Begleitend zur Krankengymnastik erhält sie wöchentlich 1 Klangtherapie über 1 Jahr. Seitdem gesteigerte Effizienz der Krankengymnastik, spezielle orthopädische Stütz- und Bewegungsvorrichtungen (Gehhilfe) sind nicht mehr notwendig. Das schmerzhafte Verkrampfen der Muskulatur ist deutlich reduziert. Bewegungen sind freier, der Gang aufrechter und das Wesen offener und zugänglicher.

Patientin, 27 Jahre, Tetraspastik infolge eines Bilirubinikterus im Rahmen eines Rhesus-positiv-Faktors als zweitgeborener Zwilling. –
Im Laufe eines Jahres deutliche Reduzierung der schmerzhaften spastischen Phasen. Deutliche psychische Stabilisierung durch spezielle Klangtherapie im Sinne der AEVM (Aufarbeitung von Erlebnis- und Verhaltensmustern).

Quecksilber-Amalgam-„Vergiftung“
Patient, 42 Jahre, Depression, Panikattacken, Schwindel, Nahrungsunverträglichkeit, Sensibilitätsstörungen, Diagnose „psycho-neurotisch“. –
Nach Diagnostizierung einer zugrunde liegenden Quecksilber-Amalgam-Problematik gelingt unter 2-monatiger Klangtherapie eine deutliche Verbesserung der gesamten Symptomatik.

Psycho-vegetative Erschöpfung
Patient, 38 Jahre, psychovegetative Erschöpfung und krankhafte Somatisierung im Sinne von diffusen körperlichen Missempfindungen. –
Nach 4 Wochen mit wöchentlich je 2 Therapiesitzungen und einer CD für zu Hause völlige Regeneration.

Tinnitus
Patient, 39 Jahre, chronischer Tinnitus, „hohes Fiepen". –
Die Behandlung erfolgte sowohl mit frequenz-entsprechendem hohem Ton und einem herab oktavierten tiefen Ton. Bei deutlicher Reduzierung des inneren Spannungszustandes wurde eine zeitweilige totale Geräuschbefreiung und im Ganzen eine deutliche Minderung bewirkt.
Aus der Erfahrung in der Behandlung weiterer Tinnituspatienten haben wir inzwischen eine eigene „Theorie" und ein entsprechendes Therapiekonzept entwickelt, das uns durch positive Auswirkungen auch bei langjährigen chronischen Fällen bestärkte.

Psoriasis, Neurodermitis
Hier konnten Klänge, begleitend gegeben, vor allem auch bei Kindern, zur Milderung der Symptomatik beitragen.

Morbus Parkinson
Patient, 51 Jahre, Gehbewegung deutlich gehemmt. –
Unter einem individuell getesteten Klang mit spezieller Rhythmik vermag der Patient sich wesentlich freier und leichter zu bewegen.

Morbus Alzheimer
Patientin, 78 Jahre, beginnende Alzheimer'sche Anzeichen im Rahmen einer zunehmenden cerebralsklerotischen Insuffizienz, Vergesslichkeit, Desorientierung, plötzlicher Schwindel, depressive Stimmungslage, Panikattacken. –
Nach einem halben Jahr Klangtherapie in wöchentlichem Abstand und regelmäßigem Hören der Kassette zu Hause sowie

begleitender Ergänzung notwendiger Mineralstoffe, Vitamine, Spurenelemente usw. ist die Patientin klarer und deutlich seltener desorientiert, ebenso hat sich die Häufigkeit depressiver Stimmungslagen und Unruhesituationen vermindert. Insgesamt ist eine Verlangsamung im Fortschreiten der Krankheit zu verzeichnen.

Colitis Ulcerosa

Patient, 63 Jahre, seit 4 Jahren an Colitis Ulcerosa erkrankt in Zusammenhang mit enteritischer rheumatischer Systemerkrankung; in immer kürzeren Abständen musste mit immer höheren Kortisongaben therapiert werden (20 mg/die). –

Unter 1-jähriger Klangtherapie – anfangs kurzzeitig, später längerfristige Therapiespannen – und gleichzeitiger Ernährungsumstellung und Behebung von Mangelzuständen im Mineral- und Vitaminhaushalt treten keinerlei schwere Anfälle weder bzgl. Colitis noch Rheuma auf, lediglich bei extremer Summierung unterschiedlicher Stressfaktoren kommt es zu leichten Erscheinungen, die sofort korrigierbar sind. Die Kortison-Dosis ist auf nur 5 mg/die herabgesetzt.

Morbus Boeck

kombiniert mit einer immunologisch induzierten dilatativen Kardiomyopathie

Patient, 37 Jahre, akuter Morbus Boeck Grad II, zusätzliche Entwicklung einer dilatativen Kardiomyopathie mit malignen Herzrhythmusstörungen im Sinne von rezidivierend auftretenden Runs und damit die Notwendigkeit der Implantation eines Defibrillators, extrem hohe Dosen an Kortikosteroiden und Antiarrhythmika mit deutlicher Beeinträchtigung der Lebensqualität. –

Nach 1 Jahr begleitender Klangtherapie – wiederum in ständig verlängerten Zeitabständen – ist die Medikation auf 1 mg/die Prednisolon und Sotalol 2 x 40 mg/die reduziert, eine Röntgenkontrollaufnahme zeigt ein totales Verschwinden der Lungenveränderung, im Langzeit-EKG sind keine pathologischen Herzrhythmusstörungen mehr zu erkennen, der Defibrillator

ist seit ½ Jahr unbenutzt, der Patient ist mit 200 Watt belastbar.
Nachtrag: nach jetzt ca. 1 weiteren Jahr ist der Defibrillator operativ entfernt.

Adipositas
Patientin, 30 kg Übergewicht, jahrelange erfolglose Diätversuche. –
Unter Klangtherapie und Ernährungsumstellung gelingt eine Gewichtsreduktion um 15 kg innerhalb von 2 Monaten, die langsam weitergeführt wird. Nach 1 Jahr – die Klänge werden monatsweise therapiert und zu Hause gehört – ist keine Gewichtszunahme zu vermelden.

Obstipation
Patientin, 27 Jahre, chronische Obstipation. –
Die Klänge ersetzen das Abführmittel und ermöglichen regelmäßigen, weicheren Stuhlgang.

Schlaflosigkeit
Patientin, 72 Jahre, findet trotz Tabletten keinen ausreichenden und wohltuenden Schlaf. –
Ein Klang mit zugeschalteter Schwebung im Theta-Bereich verhilft ihr zum Durchschlafen ohne Tabletten.

Adynamie, Müdigkeit, Energielosigkeit
Patientin, 42 Jahre, seit ½ Jahr zunehmende chronische Adynamie. –
Nach 1 Woche fühlt sich die Patientin entspannter und ausgeglichener mit Tendenz zur Reaktivierung. Nach 2 Wochen hat sie einen Traum, der sie an verdrängte Kindheitserlebnisse erinnert. Sie kann diese in einem Gespräch mit derzeitigen Ereignissen und Mustern in Verbindung bringen. Eine spezielle klanglich orientierte AEVM (Aufarbeitung von Erlebnis- und Verhaltensmustern) führt zu weiterer Auflösung der Adynamie und Rückerlangung von eigener Energie.

Stress, Unruhe
Patient, 48 Jahre, berufliche Überforderung, Psychodauerstress. –
Unmittelbar nach Hören des Klanges tritt jeweils eine Reduzierung des Unruhe- und Stressempfindens ein.

Wohlfühlen, allgemeiner Stressausgleich, Entspannung
Anwenderin, 42 Jahre, Kombination Warmbad, individueller Klang, Craniosakraltherapie einmalig: Die Frau nimmt spontan Embryostellung ein, genießt das Wohlgefühl, die Geborgenheit, die Erinnerung; nach ca. 20 Minuten erfolgt eine vollkommene Auflösung der zusammengezogenen Haltung, der Körper streckt sich lang, ein Gefühl des Größerwerdens und der Ausdehnung, der Energiesteigerung stellt sich ein.

Apallisches Syndrom – Wachkoma
Patientin, 40 Jahre, seit 12 Jahren im Wachkoma, zeitweise Kommunikation über Blinzeln möglich. –
Nach der 2. Klanganwendung kommt die Patientin ins Wachbewusstsein und spricht erstmalig wieder. Sie hat Hunger und auf die Frage „worauf?“ antwortet sie: „Auf alles!“ Sie kann mit Brei gefüttert werden. Danach fällt sie wieder zurück ins Koma, bleibt jedoch „wacher“.

Patient, 62 Jahre, operierter Kehlkopfkrebs, ständiger Husten mit Ausspucken der Nahrung und daraus folgender Gewichtsabnahme. –
Unter der begleitenden Klangtherapie bei der Ernährung hört der Husten auf und vermindert sich auch in den Zwischenzeiten beträchtlich, woraus eine Gewichtszunahme resultiert.

Patient, 20 Jahre, nach Unfall keine willentliche Beeinflussung der rechten Körperseite möglich. –
Unter Kombinationstherapie im Warmbad mit Craniosakral-, Farb- und Klangtherapie ist er nach der 2. Behandlung in der Lage, beide Beine bzw. Füße kreuzweise zu bewegen und mit der Hand ein deutliches ‚O.k.’-Zeichen zu bilden. Allgemein ist er lebhafter und koordinierter.

VI. Anwendungs- und Einsatzbereiche

Die grundlegenden Prinzipien der akusto-elektromagnetischen Feldtherapie/Klangtherapie lassen eine Anwendung im weitesten Sinne zu.

im Alltagsbereich (zu Hause, im Geschäft, im Büro usw.)
- Stressabbau
- Entspannung, Beruhigung
- Steigerung von Aktivität, Kreativität, Konzentration
- allgemeine Vitalisierung, Energetisierung
- Wellness
- Anti-Aging
- Beauty

im Sportbereich

im Vorsorgebereich, Prävention, Gesundheitsmanagement

im Rehabilitationsbereich/Nachsorge-, Vorsorgebereich
- Behindertenversorgung, Geriatrie

im akuten Erkrankungsbereich
- Unterstützung von Schmerzbehandlung
- Steigerung/Stärkung der Immunsystemfunktion

im chronischen Erkrankungsbereich
- Unterstützung der Immunsystemfunktion
- Steigerung von Energie
- gezielte Beeinflussung von Organfunktionen
- Unterstützung von Schmerzbehandlung
- Beeinflussung von Blockaden und Mustern

im psychischen/psychosomatischen Bereich
- Verarbeitung von Blockaden, Mustern, Ereignissen
- Beeinflussung von Stimmungslagen, Depressionen usw.

Zur Beachtung:
Durch eine gut funktionierende Kommunikation Patient/ Therapeut ist eine „Überdosierung“ mit Symptomen wie kalter Schweiß, Tachykardie, Beklemmungszustände, Muskelschmerz danach, erhöhtes Schmerzempfinden durch eine zu hohe Lautstärke oder durch zu lange Anwendungsdauer weitestgehend zu vermeiden.
Schwangere, Herzschrittmacher-Patienten, Frischoperierte, Epileptiker und höchst risikobehaftete Patienten sollten nur unter Aufsicht des Therapeuten behandelt werden.

VII. Integrative Therapiekonzepte

Klang als Katalysator für Therapieerfolg, Klang als unterstützende Information hat den Vorteil, sich mit jeder anderen Therapieform verbünden zu können, ohne Neid aufkommen zu lassen. Der Mensch ist ein ‚Breitbandspektrum' und bedarf der Zufriedenstellung aller seiner Sinne. Daher besteht kein Alleinherrscheranspruch, sondern Angebot zu Kommunikation und Kooperation ‚zu meinem Wohl und zum Wohle aller'.

1. Anregungen

- Eigenbehandlung
- Konzept „Pius"
- Infusionstherapie + Klang
- Akupunktur + Klang
- Reflexzonen-/-punktbehandlung + Klang
- Chakrentherapie + Klang
- Kinesiologie + Klang
- Physiotherapie + Klang
- Craniosakraltherapie + Klang
- Konstitutionstherapie + Klang
- Psychotherapie + Klang, z.B. AEVM n. Dr. A. Heinen
- Tinnitus/Schmerz/Gewicht/Wachkoma usw. + Klang, z.B. Tinnitus-Konzept n. Dr. A. + A. Heinen
- Astrologie + Klang, z.B. Planeton-Vision n. Ch. Brugger
- Meditation + Klang
- Sport: Muskelaufbau/Verletzungen usw. + Klang
- Geburtshilfe + Klang
- Behindertentherapie: taub/stumm usw. + Klang

und vieles mehr...

Im Folgenden sind einzelne Konzepte beispielhaft näher beschrieben.

2. Konzept „Pius"

Eine eigene Datei mit einer Vielzahl an Diagnosen und zugeordneten Frequenzen basiert auf den Erfahrungen und der Intuition des Musikers und Naturheilkundigen Pius Vögel.
„Eine der wichtigsten Erkenntnisse, die ich gemacht habe, liegt darin, dass es ‚untergeordnete' und ‚übergeordnete' Körperteile bzw. Organe gibt. Als Beispiel sei hier auf den Zusammenhang von Magen, Rückgrat und Schilddrüse hingewiesen. Die Schilddrüse als übergeordnete innersekretorische Drüse ist zum Leben absolut notwendig und diese holt sich – wie ein Schmarotzer – woanders die Energie, um funktionstüchtig zu bleiben. Die Schilddrüse hat den Ton x. Unendliche Stellen im Körper haben, wenn auch auf verschiedenen Oktaven, den gleichen Ton. Als innersekretorische Drüse hat die Schilddrüse eine nicht zu ersetzende absolut notwendige (übergeordnete) Funktion. Magen und Rückgrat haben auch den Ton x, doch nicht diese ‚hohe' Aufgabe. Hat die Schilddrüse eine Fehlfunktion (Über- oder Unterfunktion), so sucht ihr Organbewusstsein, verbunden mit ihrem Selbsterhaltungstrieb, den Körper nach ihrer passenden Energie ab. Sehr oft ist dies dann das Rückgrat, das als Spender bzw. als Opfer dient. Durch diesen Raub kann sich die Schilddrüse oft noch im physiologischen Bereich verhalten. Als Folge wird die Wirbelsäule geschwächt und eine verminderte Belastbarkeit zeigen. Gibt die Wirbelsäule nichts ab, so ist es u.U. der Magen. Hat der Magen genügend Selbsterhaltungskräfte, sucht die Schilddrüse weiter und wird den Körper an anderer Stelle schwächen, z.B. Ellbogen re., Oberkiefer, Stimmbänder, Thymusdrüse, und weitere Organe und Körperteile. Auch können es kleinere Zellverbände, Organteile oder Adernabschnitte sein. Zu der erbbedingten Disposition zur Krankheit kommt eine verhaltensbedingte (falsches Essen, Überlastung,…) und umweltbedingte durch Strahlung, Luft, Geräusche, etc. Es ist auch bei dieser Tonbehandlung notwendig, diese Fremdeinflüsse zu erkennen und zu vermeiden, um eine intakte Funktion (Heilung) zu erzielen. –

Ich will dies an einem Beispiel erklären:
Frau Bärbel K. kam im Juli 1985 in mein Haus, um die Reiskur zu machen. Im Gespräch mit Frau K. kamen wir auf mein Therapiegerät zu sprechen. Ihre Beschwerden waren u.a. im Rücken und in der Schilddrüse. Frau K. hat sich entschlossen, die 4 Wochen der Kur zu nutzen, um jeden Tag eine Tonsitzung durchzuführen. Die Untersuchung vom März 1984 durch Prof. Sch. machte die Einnahme mehrerer Medikamente notwendig. Bei der Tonbehandlung merkte Frau K. den Ton intensiv ca. 20 Minuten in der Schilddrüse und anschließend erst in der Wirbelsäule. Diese Reihenfolge war auch bis Ende der 4. Woche gleich. Zehn Tage nach ihrer Heimfahrt ließ Prof. Sch. eine neue Untersuchung durchführen, die ihn zu der Beurteilung veranlasste, dass ein Therapieauslassversuch unternommen werde. Die Untersuchung im März 1986 erbrachte: der Therapieauslassversuch kann fortgesetzt werden. Die Konsultation vom November 1986 brachte die gleiche Beurteilung. Frau K. brauchte im Anschluss 7 Jahre für ihre Schilddrüse nichts mehr einnehmen.
Dieser Erfolg spricht für sich.

Betrachten wir den einzelnen Ton nach Yin und Yang, sieht man auch hier, dass die Ausgewogenheit nur in der Beigabe der Quinte gegeben ist. Von Natur her ist dies auch der reinste Tonaufbau, wie er dem Oberton in seiner Gesetzgebung entspricht. Er kann daher ohne Zensur des Oberbewusstseins aufgenommen werden. Nehmen wir z.B. das F mit der großen Terz A, so haben wir zwei Yangtöne, was schon wieder ein Extrem in sich birgt ..." *(Pius Vögel, Oberstaufen im Allgäu 1995)*

3. AEVM – Aufarbeitung von Erlebnis- und Verhaltensmustern mit Klängen Dr. A. und A. Heinen

Diese spezielle Methode der AEVM wurde während unserer Praxistätigkeit entwickelt. Sie hat zum Ziel, Erlebnismuster

und Verhaltensmuster, die zum Krankheitsgeschehen wesentlich beitragen, dem Patienten bewusst zu machen und ein Umdenken und Umlernen zu initiieren, das seinem Gesundungsprozess zugute kommt. Da diese Muster oft im Unterbewusstsein ‚lagern', gilt es, diese Muster, diese Erinnerungen auf allen (!) Ebenen, körperlich, seelisch und geistig „aufzutauen" und bewusst zu machen und dann umzuentscheiden, umzuschulen auf weniger „energiefressende und energieblockierende" Verhaltensweisen, d.h. sinnvoll ökonomischer zu handeln im Sinne seines Gesamtsystems. Da ein Ton gesamtsystemisch ganzheitlich wirkt, bietet er optimale Möglichkeiten als „Türöffner", als „Schlüsselreiz". Mit Hilfe des speziellen Klanges resoniert das entsprechende Muster, die entsprechende Erinnerung, und die therapeutische Aufarbeitung kann erfolgen. Die Anwendung der Schwebungsfrequenzen beschleunigt die Phase der Einstimmung und erleichtert es dem Patienten, in den Zustand vollkommener Entspannung bei gleichzeitiger völliger Klarheit zu gelangen und Zugang zu seinem Unterbewusstsein zu erlangen.
Häufig wird der Klang zu Beginn der Therapie als unangenehm empfunden und abgelehnt, was einer „natürlichen" Abwehrhaltung entspricht, sich mit seinem speziellen Thema auseinanderzusetzen. Hier ist die Absprache und das Vertrauensverhältnis zwischen Therapeut und Patient von größter Bedeutung für den Erfolg der Therapie. Nach dem Lösen des Themas und einer bewussten Umentscheidung fließt der Klang angenehm und wohltuend.

4. Tinnitus-Behandlungskonzept Dr. A. und A. Heinen

Die Behandlung von Patienten mit chronischen Ohrgeräuschen führte zu der Erkenntnis, notwendigerweise auf 2 Hauptmerkmale, die allen Patienten gemeinsam waren, intensivst einzugehen: die Merkmale der „Spannung" sowie der „Energielosigkeit". Unter beidem litten die Patienten gleichzeitig und jeder der beiden Zustände wurde wie in einem „Cir-

culus vitiosus“ permanent vom anderen „am Leben erhalten“. Über allem „thronte“ das Geräusch, das ständig an diese Zustände mahnte.
Daher stellten wir in unserer Behandlung die Ruhigstellung und gleichzeitige Entkoppelung vom Geräusch an die erste Stelle. Dazu wurde, wenn eben möglich, gemeinsam mit dem Patienten in einer – oder auch zwei, drei Sitzungen, um eine neue Stress-Situation für ihn zu vermeiden – ein Klang getestet, der seinem Geräusch entsprach: dies nicht im Sinne einer „Maskierung“ zu verstehen, d.h. einem Übertönen des eigenen Geräusches durch andere, sondern im Sinne einer ‚Übernahme’ der Funktion der inneren Schallquelle durch eine äußere, um damit ein Verstummen bzw. wesentliches Leiserwerden des Geräusches zu verursachen. Gleichzeitig wurde dieser meist sehr hohe Ton bzw. der dem Geräusch zugrunde liegende Basiston in tiefer Frequenz als Beruhigungsklang geboten. Mit beiden Klängen therapierte sich der Patient zu Hause täglich so intensiv und in der Abwechslung, wie es seinem Wohlempfinden entsprach. Unter dieser Kombination konnten leichte bis deutliche Besserungen stattfinden. Zudem bildete sich eine Grundlage zu einem weiteren Zweig der Therapie in Hinblick auf Bewusstmachung und Bereitschaft zu Veränderungen von Verhaltens- und Lebensweisen. Hier fand sich wieder eine Einsatzmöglichkeit der AEVM mit individuellen Klängen sowie eine positive Zusammenarbeit mit Bachblüten. Psychotherapien wurden positiv unterstützt.
„Verzahnt“ in diese Vorgänge wurden zunehmend Klänge zur Energiesteigerung eingebracht, um die Reizschwelle des Patienten zu erhöhen und ihn langsam wieder daran zu gewöhnen, ein Mehr an Reizen aufnehmen und ertragen zu können.

Aus diesen individuellen Programmabläufen kristallisierte sich die Notwendigkeit heraus, allgemein im Sinne von Entspannung und Energiesteigerung zu therapieren. In begleitenden Gesprächen erfolgte eine rationale Analyse der Lebensweise und ihrer Regeln und Rhythmen und die gemeinsame Suche nach Lösung aus starren Strukturen.

Aus den Erfahrungen entstanden CDs mit „fertigen" Klängen zu diesen Themen.

Eine CD enthält Klänge, die eine therapeutische Aufarbeitung von zugrunde liegenden Angstmustern, die speziell mit der Geburt in Zusammenhang stehen, unterstützen. Diese, empfehlen wir, sind optimal in Absprache und in Zusammenarbeit mit dem Arzt oder Therapeuten zu verwenden.

Die Behandlung von Ohrgeräuschen mit den CDs

CD I

1. Phase: Die Phase der ‚Ruhe'
Die Situation: Der Patient ist erschöpft, überreizt, gestresst, nervös, unruhig, schlaflos, übermüdet, gequält, er fühlt sich überfordert, baut „Sicherheiten" ein in Form von „Terminen nach der Uhr", Dogmatismen, Reglementierungen, Ritualen ...

Das Ziel: Ent-spannung, Beruhigung, Gefühl der Sicherheit, Geborgenheit, Hoffnung, Zutrauen, die Angst vor dem Zuviel (an Reizen) nehmen, Klärung des individuellen Themas „*Was* ist konkret *zuviel*? Was zersetzt (Magen – acide – männlich), was laugt aus (Dünndarm – alkalisch – weiblich)? usw."

Die Klanginformationen 1 + 2 wirken entspannend, einhüllend, wecken das Gefühl von Geborgenheit und Sicherheit, die Mutter wiegt das Kind, nimmt ihm die Last des Lebens, schenkt Wärme – der Patient darf passiv sein, darf sich ausruhen.
Ich bin ruhig und gelassen.

Die Klanginformationen 3 + 4 bewirken ein sanftes Aufmerksamwerden, wecken die Bereitschaft, selbst mitzuarbeiten, sich dem eigenen Thema zuzuwenden.
Ich bin ruhig und bereit.

CD II

2. Phase: Erinnerung/Aufarbeitung
Diese Phase erfordert das Einfühlungsvermögen des Therapeuten. Er entscheidet, in welcher Reihenfolge und wann und ob die einzelnen Therapiestufen erfolgen sollen.
Dieser Therapieempfehlung liegt eine von uns aufgestellte Hypothese zugrunde. Diese sei im folgenden kurz dargelegt:

Eine Ursache von Tinnitus/Ohrgeräuschen liegt in der Unfähigkeit des Patienten zur Reizfilterung und der daraus erfolgten chronischen Überreizung seines gesamten Systems, das sich vor dem totalen Kollaps schützen will. Das vom Gehirn erzeugte Ohrgeräusch fungiert als Signal und Warnung: „*Zuviel*“!
Offensichtlich hat dieser Mensch nicht gelernt, aus dem Übermaß an Reizen und Eindrücken des Lebens und seiner Umwelt die für ihn wichtigen herauszufiltern. Er ist ständig überfordert – und damit sein gesamtes System, körperlich wie seelisch wie geistig.
Der „Startpunkt“ für die fehlende Fähigkeit, das Leben in seiner Fülle zu bewältigen, findet sich im Geburtsvorgang, im Übertritt aus der Geborgenheit des Mutterschoßes in die Außenwelt. Findet sich hier ein Geburtstrauma in Form einer Sturzgeburt, Frühgeburt, Kaiserschnitt, Saugglockengeburt, traumatisierende Umstände, in die das Kind hineingeboren wird, z.B. hektische Krankenhaus-Umgebung u.ä., d.h. wird die natürliche Ab-/Ent-wicklung und Reifung des Geburtsvorganges als eines behüteten Hineingleitens ins Leben plötzlich gestört bzw. abrupt unterbrochen, so entsteht ein Schock: Angst vor dem Leben. Das Leben ist zu schnell, zu kalt, zu hell, zu laut, zu unruhig – *zuviel*! Das Kind wünscht sich zurück in die Geborgenheit der Mutter, es krümmt sich unter der Flut, die über ihm hereinbricht. Es kann auf die Schnelle nicht lernen, die Flut zu sortieren, für sich zu filtern, auszuwählen. Es ist überreizt, gestresst, allen Reizen hilflos ausgeliefert. In der Folge bleibt die Sehnsucht nach Ruhe und

Geborgenheit sowie die Hilflosigkeit und das Ausgeliefertsein dem Leben gegenüber. Der Mensch lebt nicht gemäß seinen Bedürfnissen.

Zwei Organe spielen in diesem Zusammenhang eine bedeutende Rolle: der Dünndarm und das Ohr. Aus der Ganzheitsmedizin ist bekannt, im Dünndarm-Herz-Bereich ist das archaische Urmuster des Überlebens festgehalten: Herz + Darm, Motor + Stoffwechsel als Urform des Lebens. Vom Darmbereich sprechen wir als dem „1. Gehirn“. Hier engrammiert sich das Geburtstrauma.
Das Ohr ist mit der Haut das wichtigste Reizaufnahmesystem des Menschen. Es wird mit der Haut embryonal zuerst angelegt, es lässt sich nicht „verschließen“, ist ständig als Reiz-Empfänger bereit. Ein „notfallmäßiger Verschluss“ des Ohres ist ein Ton, ein Geräusch, ein Klingeln, das alle anderen Hörreize überlagert, alles dominiert.

Muster 1 weckt die Ur(!)-Erinnerung an ein sanftes, geborgenes, angstfreies Hineingleiten ins Leben, an eine Geburt in ein Leben, das bewältigt werden kann, in dem den eigenen Bedürfnissen entsprechend gelebt werden kann. Die seelische Ebene wird hier vornehmlich angesprochen.

Muster 2 wirkt deutlicher auf der körperlichen Ebene und stärkt den Dünndarm- und Darmbereich, das „1. Gehirn“ des Menschen. Hier ist eine Regulierung aufgrund der Trauma-Engrammierung erforderlich. Zu beachten ist in diesem Zusammenhang auch die Miteinwirkung auf den Herz-/Kreislaufbereich im Sinne der chinesischen 5-Elementen-Lehre. Es erfolgt gleichzeitig eine Wirkung im Sinne des Säure-Basen-Ausgleichs sowie im Sinne eines Ausgleichs der rechten und linken Gehirnhälfte.

Muster 3 dient der psychischen Auf- und Verarbeitung des speziellen, individuellen Geburts-/Ursache-Traumas zur Auflösung des erworbenen Musters „Ich bin unfähig, habe Angst, die Reizflut des Lebens zu bewältigen“ (geistige Ebene). Die Therapietechnik bestimmt der Therapeut.

Muster 1 kann immer wieder als Zwischenschritt eingeflochten werden und dem Patienten immer wieder Ruhepausen vermitteln, bis er wirklich bereit ist, sein Verhaltensmuster zu ändern. Ebenso *Muster 2*. Ob überhaupt und wann und auf welcher Bewusstheitsstufe *Muster 3* angeboten wird, kann allein aus der Verantwortung des Therapeuten und seiner Einschätzung des Patienten und seines Vertrauensverhältnisses zu ihm entschieden werden.

Allgemein dient diese Phase dem sanften Aufbau von Zutrauen in die eigene Stärke und das eigene Vermögen zur Lebensbewältigung, sowie dem Abbau der individuellen Ängste.

CD III

Phase 3: Energieaufbau
Diese Phase hat das Ziel, den Patienten wieder an zunehmende Reize zu gewöhnen und ihm gleichzeitig zu vermitteln, dass er die Fähigkeit hat, „Herr der Reize“ zu werden, daß er lernt, zu filtern, sich abzugrenzen, sich zu schützen, sich aufzubauen. Seine Energiereserven werden aufgebaut, er lernt, mit ihnen zu haushalten.

Klanginformation 1 beginnt mit einem Grundton und wenig Reizangebot.
Ich kann es bewältigen.

Klanginformation 2 erweitert den leichten Klang zu einem voluminösen. Mehr Energie strömt ein. Der Patient verträgt mehr und bereits höhere Frequenzen, die ihrerseits energetisieren.

Die Klanginformationen 3 + 4 unterstützen Dynamisierung und Energetisierung.

Auch diese energieaufbauenden Klänge können in abwechselnder Weise immer wieder variiert therapiert werden, auch eventuell in Abwechslung mit den Ruhetönen der 1. Phase.
Der Patient hat sein „Handwerkszeug" für zukünftige Stresssituationen.

5. Planet Ton Vision Ch. Brugger

Mit der richtigen Schwingung zu Harmonie und Wohlbefinden.
Die gesamte Schöpfung wird geschaffen von Energieschwingung. Alles Leben, jeder Mensch, jede Pflanze, jedes noch so winzige Steinchen und jeder Stern in unserem Universum ist durchdrungen von Schwingung. Töne sind Schwingungen, deren Wirksamkeit allen deutlich wird am Beispiel der Musik. Musik kann uns zum Lachen oder Weinen bewegen, sie kann zum Tanzen oder zum Meditieren anregen. Und mittlerweile ist es sogar bewiesen, dass man mit Tönen heilen kann.
Krankheit stellt die materiellste Form von Disharmonie im Menschen dar. Lange bevor disharmonische Schwingungsmuster als sichtbare Krankheit im Körper zum Ausdruck kommen, haben sie das sensible Gleichgewicht auf der Geist-Seele-Ebene gestört.
Falsche Lebens- und Verhaltensmuster, Begrenzungen und Blockaden sind Verursacher von disharmonischen Schwingungen, die in ihrer Auswirkung die Weiterentwicklung verhindern und das physische und psychische Wohlbefinden des Menschen mehr oder minder stark beeinträchtigen.
Mit Hilfe der speziell für meine Arbeit entwickelten Töne (planetare Klangbilder) gelingt es mir sehr schnell und sicher, das disharmonische Schwingungsmuster im Menschen zu erkennen, zu analysieren, zu klären, aufzulösen und auf eine Harmonisierung der ungesunden Schwingung hinzuwirken.

„Planetare Klangbilder“ Planet Ton Vision

Aus den Grundlagentönen Coustos und in Zusammenarbeit mit A. Heinen und der mit Hilfe der Software entwickelten Tonkombinationen (Klänge), in Verbindung mit einer speziellen Vorstellungs- und Atemtechnik.

Konzeption
Jedes Klangbild ist eine Variation bestehend aus 4 Tönen.

Ton 1: Sonnen- oder Herzton
Er ist der Zentrumston. Seine Aufgabe ist es, den Menschen zu zentrieren, ihn mit dieser Tonschwingung in seine Mitte zu bringen, um ihn hier zu seiner eigenen Schwingung zu führen. Fremdschwingungen werden selektiert. Übrig bleibt die Eigenschwingung (Neutralisationsprozess).

Ton 2 und 3: Planetentöne
Diese Töne werden individuell je nach Symptom (Disharmoniemuster) des Menschen aus den 11 Planeten unseres Planetensystems ausgesucht. Sie stehen beide in Beziehung zum Sonnenton.

Ton 2: Der Hemmungston
Steht in einer stark dissonanten Schwingung zum Sonnenton. Mit der Schwingung dieses Tones, den ich auch Sucher nenne, wird die Störung (Disharmonie) in der Ordnung (Harmonie) des Menschen gesucht und gefunden. Das falsche Muster wird entdeckt und aus dem Unterbewusstsein in das Bewusstsein des Menschen befördert (Ursachenfindung).

Ton 3: Der Förderungston
Steht in einer konsonanten Beziehung zum Sonnenton. Diese Tonschwingung hat die Eigenschaft, die Lücke (Wunde), die das entfernte Störfeld (Muster) hinterlassen hat, zu füllen. Er harmonisiert das sensible aus der Balance geratene persönliche Schwingungsmuster des Menschen. Die meisten Men-

schen beschreiben diese feine Tonschwingung als absolut wohltuend, angenehm, tröstend, erfüllend und heilend wie Balsam (Harmonisierungsprozess, Aktivierung der Selbstheilungskräfte, stärkend).

Ton 4: Erdenton
Er stärkt die Resonanz zwischen dem Menschen und seinem Mutterplaneten. Mit dieser Schwingung wird der Mensch aus dem stark aktivierten Unterbewusstsein wieder in den Bewusstseinszustand gebracht. Hier geht es nicht mehr darum, ihn in sein inneres Zentrum zu bringen, sondern ihn im Hier und Jetzt, im Bewusstsein, in seiner Resonanz zur Erde zu stärken und zu festigen. Die Schwingung wirkt stärkend, festigend und erdend (Erdung).

Mit der Musik der Sterne findet der Mensch zu Harmonie und Wohlbefinden.

6. Craniosakraltherapie und Klang

Erfahrungsbericht
Patientin, 49 J., Kombinationstherapie Warmwasserbad 35 Grad – Craniosakrale Integration + individueller Klang.
Die Therapie erfolgte unter dem Aspekt „Stressabbau – Reharmonisierung – Wohlfühlen".

„Dazu wurde mittels der Software ein mir persönlich angepasster aktueller Klang erstellt auf der Basis des Grundtones H. Von diesem ‚Wohlfühl-Klang' wurde die gesamte Craniosakralbehandlung im Wasser begleitet.
Vier Craniosakraltherapeuten (mein persönlicher Luxus – Danke! Die Regel: 1-2 Therapeuten) hielten mich schwebend im Wasser. Nach wenigen Minuten setzte ein Gefühl unendlicher Ruhe ein. Der Klang, eintönig und immer wiederkehrend, klang – auch mit den Ohren unter Wasser – von fern und gab Sicherheit. Alles war in Ordnung. Ein Gefühl von Geborgenheit, voll-

kommener Ent-Spannung, Abgelöstheit, Schwerelosigkeit stellte sich ein. Meine Bewegungen variierten von vollkommener Stille – nicht Starre – bis zu sanften Drehungen im Wasser. Mit dem Gesicht nach unten im Wasser schweben, das ‚andere Element' ganz neu fühlen! Die sichernden behandelnden Hände der Therapeuten wurden nur peripher wahrgenommen. Und immer wieder der ruhende, vertraut wirkende Klang!
Und irgendwann das Bedürfnis, ‚aufzutauchen', wach zu werden.
Danach die Gewissheit, sich an ein solches Erleben ‚irgendwie' zu erinnern, aber ewig nicht gelebt zu haben: wie im Mutterleib, aber ohne Begrenzung.
Der Klang, auf CD mit nach Hause genommen, bringt dort die Erinnerung zurück und die entspannende Wirkung in meinen alltäglichen Stress-Situationen."

Erfahrungsbericht
J. Biegus, Praxis für Körpertherapie Ravensburg

Ich bin selbständiger Physiotherapeut und arbeite hauptsächlich energetisch bzw. osteopathisch. Vor ca. 6 Monaten machte ich die ersten Erfahrungen mit den speziellen Mono-Klängen. Sie haben meine Arbeit besonders mit Cranio-Sakral-Integration/CSI (auch im Wasser) stark beeinflusst. Die Patienten kommen sehr schnell zur Ruhe, und auch mich verändern diese Klänge im Laufe der Zeit. Besonders bei den tiefen Klängen hat man oftmals das Gefühl, als ginge ein Beben durch den Körper. Das empfindet der Patient wie auch ich.
Allerdings sind die Klänge auch gewöhnungsbedürftig. „Brummt hier eine Hochspannungsleitung?" ist anfangs eine von vielen Fragen. Aber die Patienten gewöhnen sich sehr schnell daran.
Der Klang wird entweder nach der Indikation von mir ausgesucht, oder aber ich bitte den Patienten, mir eine Zahl zwischen 1 und 12 zu nennen. In der Regel nennt er dann die CD, die auf ihn zutrifft.
Um es auf den Punkt zu bringen, eine Therapie ohne diese Klänge kann ich mir nicht mehr vorstellen.

VIII. Ausblick

Will man nicht nur im medizinisch-therapeutischen Denken verhaftet bleiben, so fragt man nach dem *allgemeinen* Nutzen der Anwendung von Klanginformation.

Klang mit dem Ziel
der Erhaltung und Förderung eines lebendigen Gleichgewichts,
der gleichzeitigen Beeinflussung von Körper, Seele und Geist,
des Wohlfühlens und der Gesunderhaltung.

Nutzen für den Einzelnen im Alltag
Selbsthilfe, Selbstständigkeit, Mündigkeit, Eigenverantwortung, Wohlfühlen, Gesundbleiben, Sensibilität, Bewusstsein.

Der Nutzen für den Einzelnen liegt primär in der Förderung seiner Gesundheit und seines Wohlergehens, sodann in der Chance der Entwicklung zu Selbsthilfe, Selbstständigkeit, Eigenverantwortung, Sensibilität und Bewusstsein.

Nutzen in der Medizin
Prävention, Rehabilitation, Therapie
„individually specified medicine" – höchstmögliche Individualisierung
direktes Feedback, Reduzierung (therapeutischer) Reizbelastung
Senkung der Nebenwirkungsquoten, Medikamenten-/Kosteneinsparung, Beschleunigung und Steigerung von Therapieerfolgen, Rückbesinnung auf HUMAN-Medizin.

Der medizinische Nutzen liegt primär in der Gesunderhaltung und Wiederherstellung in den Bereichen Prävention, Rehabilitation und Therapie.
Im Sinne einer „individually specified medicine" (ISM) erfolgt eine höchstmögliche Individualisierung bei reduzierter Reiz-

belastung mit Therapiekontrolle durch unmittelbares Biofeedback, schnellere Erfolge durch katalysatorische und summatorische Wirkung, mit der Folge der Einsparung von Medikamenten, Aufenthaltszeiten, Senkung von Nebenwirkungsquoten, allgemeine Kostenreduzierung, Integration von Intuition und Wissen – ganzheitlicher Therapie im vollen Umfang, Rückbesinnung auf den Begriff der HUMAN-Medizin statt auf den der GANZHEITS-Medizin, der immer impliziert, dass irgendeiner (Konkurrenz: Schul-, Alternativ-Medizin) nicht ‚ganzheitlich' arbeitet.

Nutzen für Wissenschaft und Forschung
Systematik, Strukturierung, Methodik, Wiederholbarkeit
Anregung zu fächerübergreifender Kommunikation
Aspekt „Harmonik"

Die klare und variable Systematik und Strukturierung im Klangaufbau bietet die Möglichkeiten für Wiederholbarkeit und Methodik in Forschung und Wissenschaft. Erstellung von Analogien, Vernetzungen, Integration von Spezialistentum in ein Gesamtkonzept. Der Ton an sich ist schon kommunikativ – die Beschäftigung mit ihm regt an zu fächerübergreifender Kommunikation – Musik, Physik, Mathematik, Medizin, Biologie, Philosophie, Religion usw.
Warum nicht auf die Suche nach der Weltformel gehen unter dem Aspekt des uralten Begriffs der „Harmonik"?

Nutzen für Gesellschaft/Politik
Erziehung zur Eigenverantwortung, Verbindung alter und neuer Werte: Intellekt und Intuition
6. Kondratieff: Gesundheitszyklus

In unserer Gesellschaft als Kommunikations-, Informations- und Massengesellschaft sowie als Wohlstands- und Spaßgesellschaft spitzt sich z.Zt. manche Thematik zu, vor allem auch auf dem Sektor Gesundheit, Altersvorsorge. Der Ruf nach Änderung steht im Raum. Doch dazu bedarf es meiner Mei-

nung nach grundlegend neuer/alter Werte: Z.B. der Verbindung von Intuition und Intellekt, eine Erziehung zur Eigenverantwortung, das Erkennen und Anerkennen von Individuum und Masse im Sinne von ‚sowohl als auch', die Erkenntnis des Stellenwertes der Informationstechnologie als Werkzeug und Hilfsmittel in der psychosozialen Kommunikation. –
Der 6. Kondratieff als bevorstehender ökologischer Langzeitzyklus mit der Basisinnovation „Psychosoziale Gesundheit", „Gesundheit im ganzheitlichen Sinne", soll laut Prognosen den nächsten gesellschaftlichen und wirtschaftlichen Aufschwung bringen. Beiträge zu dieser Entwicklung müssen auch von unten und im Kleinen wachsen.

IX. Ein letztes Wort

Klang ist natürlich Manipulation. Er kann nützen und schaden.

Aber – er hat den großen und nicht zu unterschätzenden Vorteil: jede Klang-Manipulation ist hörbar!!!

Verantwortung und Entscheidung liegen beim Hörer.

Der Therapeut wird zum beschützenden Begleiter und Berater.

X. Anhang

1. Therapeutische Anregungen

- *Angenehm, wach, dynamisch, stressfreier Zustand, Vorbereitung einer geistigen anspruchsvollen Arbeit*
  Tageston der Erde G 97,09 Hz + Alpha-Schwebung

- *Entspannung, innere Ruhe, Sammlung*
  Jahreston der Erde Cis 136,10 Hz + Theta-Schwebung

- *Ergründung des Unterbewusstseins*
  Platonischer Jahreston der Erde F 172,06 Hz + Delta-Schwebung

- *Heiter, fröhlich, aufbauend*
  Grundton + große Terz + Quinte = Dur-Dreiklang

- *Tröstend, beruhigend, Trauerverarbeitung*
  Grundton + kleine Terz + Quinte = Moll-Dreiklang

- *Körperliche Dynamisierung*
  Tageston G + Quarte C

- *Körperliche Stabilisierung*
  Tageston G + Quinte D

- *Seelische Dynamisierung*
  Jahreston Cis + Quarte Fis

2. Entspannungsbrille

Erfahrungen der letzten Zeit haben den zusätzlichen Gebrauch der Entspannungsbrille „Dr. Winkler“ als sinnvoll und unterstützend bestätigt. Das von Prof. Möllmann erstellte Konzept

„Bewusst blind sehen“ passt sich in das vorliegende Klangtherapiekonzept in ‚positiver Addition’ ein. Bewusst Hören und Fühlen wird durch bewusst Nicht-Sehen deutlich erleichtert und verstärkt.
Das Konzept ist an dieser Stelle in Form gekürzter Zitate/Zitatausschnitte dargestellt:
„Wo eine komfortable textile Schlafbrille zum angenehmen Bedecken der Augen als ‚Sanfte Brille’ gezielt über das Schlafen hinaus eingesetzt wird, wirkt sie oft geradezu ein wenig sensationell. Eine erste Sensation ist schon einmal die Einfachheit, mit der sich Entspannung direkt herbeiführen lässt. Ein zuverlässiges, sofort wirksames Hilfsmittel nicht nur zur Bewältigung von Alltagsstress, das man/frau sich einfach gönnen kann, wo es nicht gefordert ist. Genauso sensationell einfach ermöglicht die Sanfte Brille ein ganz verändertes Wahrnehmen (‚Sensation’ im Wortsinn). Anstelle des sonst alles überdeckenden Sehens können sich die anderen Sinne entfalten. Hören, Riechen, Schmecken werden viel intensiver. Ganz neu entdeckt wird fast immer das Tasten (Fühlen). Viel mehr wahrgenommen wird auch der eigene Körper: im Zusammenhang mit der Entspannung gesundheitlich bedeutsam, außerdem ein Zugang zu Gefühlen – manchmal überraschend, oft befreiend. ‚Bilder’ lassen sich mit der Brille auch sehr genau ansehen – innere, die viel leichter und klarer entstehen als sonst; solche aus der Vergangenheit, von aktuellen Situationen und Personen. Mit der Brille kommt ein Zustand ‚entspannter Konzentration’ zustande. Man kann also auch ‚entspannt aktiv’ werden. Sprechen: vor allem in der Kommunikation mit anderen, wo man/frau nur ‚für sich sprechen’ kann, und wo sich genaues Zuhören von selbst ergibt. Wo etwas zu schnell geht, zu viel wird, reicht als ‚Notbremse’ das Abnehmen der Brille … will man/frau nicht gerade bewusst umgehen mit dem, was da kommt. Ängsten zum Beispiel, an denen sich so ‚entspannt’ etwas tun lässt.
Die Brille ist ein Vehikel, das oft Veränderungen herbeiführt. Vor allem vermittelt sie nicht Abhängigkeit, sondern Autonomie: mehr Wahrnehmung der eigenen Bedürfnisse, sicheres Abgrenzen, bewußtere Zuwendung … die Brille auch ein Emanzipationsmittel.

Worauf lässt man/frau sich also mit der Brille letztlich ein? Letztlich ... auf sich selbst! Zunächst auf die Idee, dass das Bedecken der Augen überhaupt bedeutsame Wirkung haben kann. Dann darauf, in der Tat einmal optische Reize auszuschalten. Das Geschlossenhalten der Augen kostet Energie, Anspannung, wohingegen das Sehen durch die Brille einfach weg ist. Beobachtung z.B. in Entspannungssituationen zeigt regelmäßig ein ‚Flackern' der mühsam geschlossen gehaltenen Augen. Augenschließen erfordert das Aufrechterhalten eines Zustandes (Ausnahme Schlaf oder schon eingetretener Entspannungszustand). Mit dem Bedecken der Augen ist einfach eine neue Realität geschaffen. Welche besonderen Wirkungen es bezüglich des Bewusstseinszustandes hat, einfach nur ins Dunkle starren zu können, wäre im Einzelnen sicher noch des Untersuchens wert. Bei Schmerzproblemen – insbesondere Migräne – scheint dies eine besondere Bedeutung zu haben.
Sie (die Brille) beschleunigt und intensiviert Entspannung, Sensibilität und Konzentration." (Prof. W.-P. Möllmann)

3. Zitate/Interessantes

Wer das Geheimnis der Töne kennt, kennt das Mysterium des ganzen Weltalls. (Hazrat Inayat Khan n. Cousto/Pauschel)

Der Gehörsinn ist unter allen Sinnen des Universums der höchste, größte, umfassendste, ja es ist der einzige allgemeine, der universelle Sinn. Es gilt keine Ansicht des Universums ganz und unbedingt, als der akustische. (J. W. Ritter [1776-1810], Physiker, Begründer der wissenschaftlichen Elektrochemie)

Jede Krankheit ist ein musikalisches Problem. (Novalis)

Alle freien, natürlichen Klänge stärken. (Dr. J. Diamond)

Musik ist höhere Offenbarung als alle Philosophie. (Ludwig van Beethoven n. Cousto/Pauschel)

Die Seele ist verwandt mit Klängen ... Was wir hören, lässt in uns die Saite mit demselben Ton erklingen, und aus dem Herzen kommt die Antwort. (Cowper)

Wir dürfen heute mehr auf das Gemeinsame als auf das Trennende achten, ... indem wir bis in den musikalischen Baustein hinein Kräfte sich ausbreiten fühlen, die denen gleichen, welche den Himmel bis in die entferntesten Sternnebel in Bewegung halten. (Paul Hindemith n. Cousto/Pauschel)

Dieser ‚ideale Furchungsprozess' ... weist klar darauf hin, dass bei der Bildung des Embryos harmonikale Gesetze wirken. (Prof. Popp [Biophotonenforscher] über das früheste Stadium der Embryonalentwicklung)

Der Arzt, der keinen Placebo-Effekt bei seinen Patienten bewirkt, sollte lieber Pathologe oder Anästhesist werden. (Fachzeitschrift Lancet n. Berger)

Harmonie bedeutet nicht Gleichklang, sondern Zusammenklang. (Thomas Romanus)

Trotz des weitverbreiteten Glaubens vieler Menschen, Mittelpunkt und Maßstab aller Dinge zu sein, sind wir dem wirklichen Sinne nach eher Resonanzkörper der natürlichen Harmonien. (Cousto/Pauschel)

Die aktuelle Forschung diskutiert auf Klangmustererkennung spezialisierte Neuronen. Neuronale Netzbildung wird auch in Physik, Mathematik und Genforschung zur Wiedererkennung von gleichen Mustern erforscht.

Musik ist Leben, sie ist Schwingung. Sie hält uns als Teil eines schwingenden Kosmos in Verbindung mit der Gesamtheit des Alls. (Yehudi Menuhin)

Töne allerdings sind objektiver und unmittelbarer Ausdruck des Wesens der Dinge. Sie sind die reine Sprache des Seins. (P. Mandel)

Rot, grün und blauviolett entsprechen den 3 Sehzelltypen in der Netzhaut des Auges. Goethe wählt als Grundfarben rot, blau, gelb. Die Farben der TCM, der Traditionellen Chinesischen Medizin, sind rot, gelb, grün, und zusätzlich weiß und schwarz/yin und yang.
Dinsha P. Ghadiali (1873-1966) erarbeitete in Amerika ein Farbtherapie-System mit 12 Spektrochromfarben. (Anmerkung: Sprachgebrauch „chromatische Tonleiter", gr. chroma – Farbe; Farb-Ton; Klang-Farbe)

Lichtgeschwindigkeit: 300.000 km/sec.
Schallgeschwindigkeit: 330 m/sec.

Und dennoch sind sich Musiker wie Nichtmusiker unter den Neurophysiologen einig: Das Ohr ist das Tor zur Welt. (H.-H. Decker-Voigt)

Planck'sche Formel: die Menge an Energie, die einer bestimmten Wellenlänge entspricht:
E = h x v
h = Naturkonstante = Planck'sches Wirkungsquantum = 6,62 x 10^{-34} Watt x sec^2
v = Frequenz
Wellenlänge und Frequenz verhalten sich umgekehrt proportional zueinander: je kürzer die Wellenlänge, um so höher die Frequenz. Aus der Planck'schen Formel ergibt sich die Folgerung: je kürzer die Wellenlänge, je höher die Frequenz, desto höher der übertragene Energiegehalt.
Folgerung: hohe Frequenzen energetisieren.

Einer amerikanischen Studie zufolge werden die in den USA lebenden Dirigenten 70 Jahre und älter. Dagegen sterben laut Statistik 50 % aller amerikanischen Männer vor dem 70. Lebensjahr.

Gezielt eingesetzte Töne und Klangkombinationen verschaffen – subjektiv sofort spürbar und mit den Methoden der apparativen Medizin auch nachweisbar – eine Verbesserung des physischen und psychischen Zustandes. (Henneges)

Es gibt Hunderte von Akupunkturpunkten am ganzen Körper. Viele von ihnen, darunter die sogenannten ersten Anregungspunkte jedes Meridians sind offensichtlich auch Rezeptoren für Töne, wenigstens bis 1000 Hz … Das Akupunktursystem steht in enger Verbindung mit dem autonomen Nervensystem und daher können wir uns aufgrund der Töne, die wir über das Akupunktursystem aufnehmen, besser auf unsere Umgebung einstimmen. So können sich unsere physiologischen Prozesse sanft anpassen. (Entdeckung am ‚Institute for the Enhancement of Life-Energy and Creativity', USA, n. Diamond)

Stromnetz: 50 Hz

Denn der reine Ton kann nicht lügen. (Henneges/Mandel)

Jugend forscht: 1993 beobachtete eine Schülerin, dass sich die frisch geschnittenen Tulpen in der Vase auf dem Tisch nicht dem einfallenden Licht, sondern der Schallquelle – dem Klavierspiel – zuwandten. Klang war offensichtlich wichtiger als Licht.

Lebendige Töne sind wir – stimmen zusammen in deinen Wohllaut, Natur! (Hölderlin)

Wenn im Keim sich die erste Spur von Leben zu regen beginnt, sorgt die Musik für die Nahrung der Seele. Sie murmelt dem Kind leise ins Ohr, wenn es schläft. Die Klänge begleiten seine Träume. Sie sind die Welt, in der es lebt. (Bertini in: Henneges)

Resoniert nun eine kosmische Schwingung in einem selbst, dann ist man mit dieser schöpferischen Schwingung verbunden. Ja, man wird selbst als Resonanzkörper oder Reflektor zu dieser Schwingung. Es schwingt das eigene Fleisch in der Schwingung des Kosmos. So wird der Körper zum Resonator der urkosmischen Schwingung. (Cousto/Pauschel)

Das kindliche Gehirn schwingt überwiegend in einem biologischen Rhythmus von 8-10 Hz (alpha).

Bewusste Hörpausen helfen, Stresspotentiale abzubauen. (Das HörBuch)

Das italienische Ohr ist mit seiner Kuppe zwischen 200 und 4000 Hz zugleich das ideale Sängerohr. Die bei 1500 Hz liegende Spitze des französischen Ohrs ist verantwortlich für die Nasalität dieser Sprache. Das besonders gute Hören der hohen Frequenzen, das sich beim englischen Ohr zeigt, bewirkt die typischen durchdringenden Zischlaute s, sch, z, th, deren Obertöne sich bis 20.000 Hz erstrecken. Die zwei starken Gegensätze etwa zwischen dem Englischen und dem Spanischen lassen die Gründe erahnen, warum man für eine Sprache begabt sein kann (sie ‚hört'), während man zu einer anderen auch bei größtem Bemühen keinen Zugang findet (sie eben nicht ‚hört'). („Ethnische Hörkurve" nach Tomatis: Neben individuell variierenden Hörkurven stellte Tomatis länderspezifische Hörkurven fest.)

4. Farbwirkungen nach Dinsha

Grün
- Schafft cerebrales Gleichgewicht: für körperliches Gleichgewicht
- Regt die Hirnanhangdrüse an, ausgleichend
- Regt die Muskel- und Gewebebildung an
- Zerstört Mikroorganismen, Krankheitskeime, Bakterien: reinigend und zerfallshindernd, antiseptisch, desinfizierend

Türkis
- Erzeugt günstige Veränderungen bei akut auftretenden Krankheiten, akutes Alterans
- Dämpft die Gehirntätigkeit
- Hautkräftigend, Neubildung verbrannter Haut
- Zum Ausgleich nach ausgedehnten Anwendungen mit Infragrün-Farben

Blau
- Hilft gegen Juckreiz und bei Reizung abgeschürfter Oberflächen (Antipruritikum)
- Fördert Schwitzen (Diaphoretikum)
- Leichtes Sedativum, mäßigt und beseitigt leichte Entzündungen (Antipyretikum/Antiphlogistikum)
- Regt die Zirbeldrüse an, macht vital, stärkt die Lebenskraft

Indigo
- Baut die Nebenschilddrüse auf, regt diese an
- Hemmt/beruhigt die Schilddrüse
- Beruhigt die Atmung
- Bewirkt Zusammenziehung (Adstringens), bekämpft Abszesse, verringert Ausscheidungen und Sekretbildung, stoppt Absonderungen und wirkt blutstillend
- Fördert die Bildung von Phagozyten, die schädliche Mikroorganismen beseitigen
- Hemmt die Brustdrüsen, verringert den Milchfluss
- Schmerzlindernd, verringert Erregtheit und Überaktivität, dämpfend, beruhigend

Violett
- Baut die Milz auf, regt diese an
- Verringert die Muskelaktivität, Herz eingeschlossen
- Verringert die Aktivität des Nervensystems (Tranquilizer, beruhigend)
- Fördert die Bildung von Leukozyten bzw. weißen Blutkörperchen
- Zur Hemmung der Lymphdrüsen, der Bauchspeicheldrüse

Purpur

- Hemmt die Nieren und Nebennieren
- Verringert die Schmerzempfindlichkeit, entspannt und fördert den Schlaf
- Kräftigt die Venenfunktion
- Verringert den Blutdruck 3-fach: a) erweitert Blutgefäße (Vasodilatator), b) senkt die Herzfrequenz, c) hemmt Niere und Nebenniere, dämpft das chromaffine System
- Verringert die Körpertemperatur
- Dämmt bei Malaria Fieber und Bluthochdruck ein
- Hemmt das Affekt- und Fortpflanzungssystem, dämpft den Gefühlsbereich (Anaphrodisiakum)
- Senkt Blutdruck zwischen Herz und Lunge, dämmt Lungenblutung ein, lindert Trockenhusten

Magenta

- Wirkt ausgleichend im Affekt- und Gefühlsbereich, aurastärkend
- Stärkend und harmonisierend in Bezug auf folgende Organe: Herz, Blutkreislaufsystem, Niere, Nebenniere, chromaffines System, Fortpflanzungssystem

Scharlach

- Regt die Nieren und Nebennieren an
- Stärkt die Funktion der Arterien, allgemeines Stimulans
- Erhöht den Blutdruck durch 3-fache Wirkung: a) verengt die Blutgefäße (Vasokonstriktor), b) beschleunigt die Herzfrequenz, c) regt Niere und Nebenniere an, chromaffines System
- Beschleunigt die Fötusauspressung, abortauslösend, geburtsbeschleunigend
- Regt Affekte und Gefühlsbereich an, Aphrodisiakum
- Regt das Fortpflanzungssystem an, ferner die Menstruation

Rot

- Sensorisches Stimulans: regt die Sinnesorgane Auge, Ohr, Tastsinn, Geschmacks- und Geruchssinn an
- Baut die Leber auf, regt diese an
- Bildet Blutplättchen und Hämoglobin
- Sorgt für rasche Austreibung von Debris durch die Haut, kann dadurch zu Hautreizungen, Juckreiz oder Pickeln führen, bis der Reinigungsprozess abgeschlossen ist (Irritans/Puritans)
- Gegenmittel bei Verbrennungen durch Röntgenstrahlen, UV-Strahlen usw.

Orange

- Baut die Lunge auf, regt die Atmung an
- Baut die Schilddrüse auf, regt diese an
- Hemmt die Nebenschilddrüse
- Löst Krämpfe und Muskelzuckungen, wirkt spasmolytisch durch Kalzium-Effekt
- Regt die Brustdrüsen an, milchbildend
- Regt den Magen an
- Fördert Erbrechen, wenn die Nahrung unzuträglich ist
- Gegen Blähungen und Gasbildung im Verdauungstrakt
- Bildet Knochensubstanz, wirkt antirachitisch, korrigiert Weichknochigkeit durch Kalzium-Effekt, auch bei kalziumbedingter Arrhythmie
- Regt die Gewebsbildung an

Gelb

- Regt das motorische Nervensystem an, baut die Nerven des sensorischen und motorischen Nervensystems auf
- Regt das lymphatische System an, mildes Gewebestimulans
- Regt Darmtrakt, Bauchspeicheldrüse und Produktion von Verdauungssäften an (Digestivum/Cholagogum)
- Erhöht Stuhlgangshäufigkeit, wirkt abführend
- Hemmt/beruhigt die Milz, gemütsaufhellend bei Depression, schafft über Pfortaderkreislauf Gleichgewicht
- Treibt Würmer und Parasiten aus (Antihelmetikum)

Gelbgrün

- Löst Blutgerinnsel auf, günstig auf Stoffwechselprozesse bei chronischen Krankheiten, chron. Alterans
- Expektorans, Abhusten fördernd
- Baut durch Phosphoreffekt Knochen auf
- Regt das Gehirn an
- Stimuliert die Thymusdrüse
- Regt das Verdauungssystem leicht an, leicht abführend
- Schafft wieder Gleichgewicht nach ausgedehnter Anwendung von Ultragrün-Farben

5. Planetentöne nach Cousto

Aus: Die Töne der kosmischen Oktave

Mittlerer Sonnentag – Tageston G 194,18 Hz
Das dynamisch-körperliche Prinzip: dynamisierend, vitalisierend, energieaufbauend, stärkend, tonisierend

Jahreston Cis 136,10 Hz
Das entspannende seelische Prinzip: entspannend, beruhigend, lockernd, ausgleichend, entkrampfend, sedierend

Ton des platonischen Jahres F 172,06 Hz
Das heitere geistige Prinzip: fördert das Heitere und Klare im Geiste, fördert die kosmische Einheit auf höchster Ebene und wirkt geistig verklärend, antidepressiv

Sonnenton H 126,22 Hz
Das magisch-transzendentale Prinzip: fördert das Gefühl für die eigene Mitte, für das Magische und Transzendentale

Synodischer Mondton Gis 210,42 Hz
Das kommunikativ-erotische Prinzip: stimuliert die sexuelle Energie, fördert die erotische Kommunikation, zur Regulierung von Periodenstörungen, allgemein bei Störungen im Drüsen- und Lymphsystem

Merkur Cis 141,27 Hz
Das kommunikativ-sprachlich-intellektuelle Prinzip: fördert das Sprachzentrum und das kommunikativ-intellektuelle Prinzip, Sternzeichen Zwillinge (Morgenstern), Jungfrau (Abendstern)

Venus A 221,23 Hz
Das harmonische Prinzip und die Liebesenergie: fördert die höhere Liebesenergie und das Harmoniebestreben. Symbol des Weiblichen, Sternzeichen Stier (Morgenstern), Waage (Abendstern)

Mars D 144,72 Hz
Die Willenskraft und die zielgerichtete Energie wird gefördert, Symbol des Männlichen, Sternzeichen Widder

Jupiter Fis 183,58 Hz
Fördert die Gestaltungskraft und das stetig Aufbauende, Planet des Klerus, Sternzeichen Schütze

Saturn D 147,85 Hz
Fördert das Konzentrationsvermögen und den Bewusstwerdungsprozess, gilt als kosmischer Kontrolleur, Sternzeichen Steinbock

Uranus Gis 207,36 Hz
Fördert die Überraschungs- und Erneuerungskraft, archaisch, erotisch, Sternzeichen Wassermann

Neptun Gis 211,44 Hz
Fördert die Intuition, das Unbewusste und steigert die Traumwelt, Sternzeichen Fische

Pluto Cis 140,25 Hz
Fördert das magisch-gruppendynamische Prinzip und soll für die Integration in bestimmte Gesellschaftsstrukturen verantwortlich sein, Sternzeichen Skorpion

Siderischer/Stern-Tag G 194,71 Hz
Zeitspanne der wahren Rotation der Erde um ihre Achse, ca. 4 Minuten kürzer als der mittlere Sonnentag

Mond, Kulminationsperiode Fis 187,61 Hz
Zeitspanne von einem Durchgang des Mondes durch den Süden bis zum nächsten

Mond, siderisch Ais/B 227,43 Hz
Zeitspanne eines Mondumlaufs um die Erde, gemessen am Fixsternhimmel. Die siderische Periode ist ca. 2 ¼ Tage kürzer als die synodische

Metonzyklus Ais/B 229,22 Hz
Zeitspanne von ca. 19 Jahren, nach denen Sonne und Mond an gleichen Tagen gleiche Aspekte haben

Sarosperiode H 241,56 Hz
Zeitspanne von ca. 18 Jahren und 10 Tagen, nach denen sich gleichartige Sonnen- und Mondfinsternisse bilden

Mond, Knotenumlauf Ais/B 234,16 Hz
Mondknoten sind die Schnittpunkte der Mondbahn mit der Ekliptik. Zeitspanne eines Umlaufs der Mondknoten durch die Ekliptik ca. 18,6 Jahre

Mond, Apsidenumlauf H 246,04 Hz
Dauer der Drehung der Achse der Mondbahnellipse durch die Ekliptik, ca. 8,85 Jahre

6. Definitionen

Empfohlene Literatur: Eska/Pierce

Schallwelle
Eine Schwankung des Luftdrucks, eine Dichtewelle, die dadurch entsteht, dass Bereiche, in denen sich die Luftmoleküle

aufeinander zu bewegen, abwechseln mit Bereichen, in denen sich die Moleküle voneinander weg bewegen, in ersteren Bereichen sind die Moleküle dichter, in letzteren dünner gepackt.

Periodik
Erfolgt die Luftdruck/dichteschwankung im Lauf der Zeit in wiederkehrender gleicher Form, so spricht man von Periodik.

Frequenz
Die Frequenz einer (Schall-)Welle ist ein (quantitatives) Maß für die Tonhöhe. Sie bezeichnet die Häufigkeit der Wiederholung einer Schwingung, der Perioden, pro Sekunde. Die Maßzahl für Frequenz wird in Hertz angegeben. 1 Hz entspricht einer Schwingung pro Sekunde.

Ton
Ein Ton ist definiert durch eine eindeutige Stimmung oder Tonhöhe. Tonhöhe kann synonym mit Frequenz verwendet werden. Charakteristisch ist die periodische/zyklische Wiederholung der Luftdruckschwankungen einer Schallwelle.

Tonhöhe
Je höher die Frequenz, desto höher der Ton, den man hört.

Sinuston
Ein reiner Ton (auch Sinuston genannt, weil sein Kurvenverlauf exakt einer mathematischen Sinusfunktion folgt) schwingt mit merklicher Amplitude nur bei einer einzigen Frequenz. Ein „reiner", technischer Sinuston schwingt mit nur einer definierten Frequenz.

Geräusch, Klang
Mehrere Frequenzen sind überlagert und lassen sich nicht im einzelnen voneinander akustisch unterscheiden = Klang. Unregelmäßigkeiten in Amplitudenhöhe und Aufeinanderfolge der Töne erzeugen ein Geräusch, wobei keine einzelnen Töne

zu unterscheiden sind. Zeitliche Strukturierung führt zum Klangempfinden.

Intensität, Lautstärke, Lautheit
Die Intensität eines Tones wird in Watt pro Quadratmeter angegeben. Intensität hängt mit der Lautstärke zusammen. Lautstärke ist allerdings relativ, d.h. im Vergleich zu anderen Tönen zu sehen. Die Maßeinheit für die Lautheit als absolutes Maß für Lautstärke ist Son.

Amplitude
Die maximale Auslenkung einer Schwingung aus ihrer Ruheposition. Sie ist das Maß für die Lautstärke. Die Lautstärkedefinition erfolgt über die Benennung des Schalldruckes in Dezibel (dB).

Longitudinalwelle
Am Beispiel Schallwelle: die Dichte der Luft nimmt in Ausbreitungsrichtung periodisch zu und ab. Die Luftmoleküle bewegen sich in der gleichen Richtung, in der sich die Schallwelle in der Luft ausbreitet: parallel zur Ausbreitungsrichtung der Welle.

Transversalwelle
Am Beispiel Wasserwelle: die Welle breitet sich über die Wasseroberfläche aus, die Wassermoleküle jedoch bewegen sich ellipsoid/senkrecht zu dieser Ausbreitungsrichtung (ein auf dem Wasser tanzender Korken verdeutlicht dies).

Transiente Welle
Die mechanische Anregung der Bewegung von Molekülen eines Mediums bewirkt deren Ausbreitung als Welle. Erfolgt diese Anregung kurzzeitig, so spricht man von transienter Anregung und transienten Wellen.

Wellenlänge
Ist durch den räumlichen Abstand zweier Wellenkämme definiert.

Klangfarbe, Klangcharakter
Der für ein Gerät, ein Instrument, eine Stimme charakteristische Gehalt an Obertönen. Klangfarbe ist mit keiner physikalischen Größe zu messen. Der Klangcharakter erzeugt eine Verbindung zwischen Schallwelle und Empfinden. Dieses Empfinden ist zum Teil individuell geprägt.

Partialton/Oberton
Zur Grundfrequenz schwingen darüber liegende Frequenzen mit, sog. *Partialtöne*. Schwingen diese Partialtöne in harmonikalen Verhältnissen zur Grundfrequenz, vornehmlich als ganzzahlige Vielfache der Grundfrequenz, spricht man von *Obertönen* und hört harmonische Töne, besser: *harmonikale Klänge*.

Literaturliste

Berendt, J.-E., Nada Brahma – Die Welt ist Klang, Rowohlt Verlag 1985

Berger, Lutz (Hrsg.), Musik, Magie & Medizin, Junfermann Verlag 1997

Bischof, M., Biophotonen – Das Licht in unseren Zellen, Verlag Zweitausendeins 1996

Bruhn, Oerter, Rösing (Hrsg.), Musikpsychologie – Ein Handbuch, Rowohlt 1993

Campbell, Don, Die Heilkraft der Musik, Delphi by Droemer 1998

Cousto, Hans, Die Töne der kosmischen Oktave

Cousto, Hans, Die Oktave – Das Urgesetz der Harmonie, Simon + Leutner 1987

Cousto, Hans, Klänge, Bilder, Welten – Musik im Einklang mit der Natur, Simon + Leutner 1989

Cousto, Hans, Pauschel, M., Orpheus-Handbuch. Die Wirkung der Rhythmen unserer Erde auf Körper, Seele und Geist, Simon + Leutner 1991

Dalichow, Booth, Aura-Soma, Knaur 1994

Decker-Voigt, H.-H., Aus der Seele gespielt, Goldmann Verlag, München 2000

Deest, H. van, Heilen mit Musik, Trias Verlag Thieme 1994

Diamond, John, Lebensenergie in der Musik, Verlag f. Angewandte Kinesiologie 1994

Diamond, John, Lebensenergie in der Musik Bd. 2, Verlag f. Angewandte Kinesiologie 1992

Diamond, John, Die heilende Kraft der Emotionen, Verlag f. Angewandte Kinesiologie 1995

Dinsha, Darius, Es werde Licht, USA 1985

Dorda, Prof. G., Die Musik und die Metaphysik. Vortrag Universität für Musik und darstellende Kunst/Institut für harmonikale Grundlagenforschung, München, 27. Juni 2002

Josephson, Carpenter, Music and mind – a theory of aesthetic dynamics on Self-Organization, Springer Verlag Berlin Heidelberg 1994

Eska, G., Schall & Klang, Birkhäuser Verlag 1997

Füß, Robert, Die Induktionstherapie, Sulzbach/Taunus 1994

Goscinny, Asterix und Obelix

Harrer, G. (Hrsg.), Grundlagen der Musiktherapie und Musikpsychologie, Gustav Fischer Verlag 1982

Henneges, Birgit, Mandel, P., Die Therapie mit Licht und Klang, Knaur Verlag 1997

Hess, Peter, Klangschalen für Gesundheit und Harmonie, Ludwig Verlag 2000

Jenny, Hans, Kymatik Wellen und Schwingungen mit ihrer Struktur und Dynamik, Basilius Presse AG, Basel 1972

Kayser, Hans, Akroasis – Die Lehre von der Harmonik der Welt, Schwabe & Co, Basel/Stuttgart 1964

Möllmann, W.-P., Näher am ganzen Menschen – Soziale Arbeit mit der „Sanften Brille“, Schriften des Fachbereiches Sozialwesen FHN, Bd. 24, Mönchengladbach 1999

Muths, Christa, Farbtherapie – Mit Farben heilen – der sanfte Weg zur Gesundheit, München 1994

Pierce, John R., Klang – Musik mit den Ohren der Physik, Verlag Spektrum der Wissenschaft, Heidelberg

Pro akustik, Das HörBuch: sich wohlfühlen – dazugehören, Hörakustiker GmbH Hannover 2000

Renold, Maria, Von Intervallen, Tonleitern, Tönen und dem Kammerton C = 128 Hz, Phil.-Anthrop. Verlag am Goetheaneum, Dornach/Schweiz 1998

Schavernoch, Hans, Die Harmonie der Sphären – Die Geschichte der Idee des Weltenklangs und der Seeleneinstimmung, Verlag K. Alber Freiburg/München 1981

Schärli, Otto, Werkstatt des Lebens – Durch die Sinne zum Sinn, AT Verlag Aarau, Schweiz, 1991/2001

Schmidt, Th. M., Musik und Kosmos als Schöpfungswunder, Th. Schmidt Verlag Frankfurt 1974

Schulze, Prof. Dr. W., Harmonikales Denken – Skript Universität für Musik und darstellende Kunst – Institut für Musiktheorie und harmonikale Grundlagenforschung, Wien

Spintge, R., Droh, R., MusikMedizin, Gustav Fischer Verlag 1992

Tomatis, A. A., Der Klang des Lebens, Rowohlt 1990

Vögel, Pius, Frequenzliste, persönliche Aufzeichnungen

Warnke, Ulrich, Der Mensch und die 3. Kraft, Saarbrücken 1994

Welter, H., Kohler, K. (Hrsg.), Gehörlose Menschen, Lambertus Verlag 1992

Zipp, Friedrich, Vom Urklang zur Weltharmonie – Werden und Wirken der Idee der Sphärenmusik, Verlag Merseburger, Kassel 1998

Video

– „Schwingende Welt", Dokumentation von Hans Jenny Verleih und Vertrieb: Landesbildstelle Baden, Rastatter Str. 25, 76199 Karlsruhe

– „Klänge – Gestalten" – Wasser Klang Bilder von A. Lauterwasser, Heiligenberg

Bisher erschienene Artikel zur Klangtherapie

- Esotera 9/98: Mit Musik heilt alles besser
- Visionen 3/00: In Einklang kommen
- Gralswelt 9/00: Farben – Töne – Therapien
- NOT Fachmagazin für Schädel-Hirnverletzte und Schlaganfall-Patienten 1/2001-03-15

Abbildungsnachweis

Sofern nicht anders angegeben, stammen die Abbildungen von der Autorin.

Abb. 3a:	Longitudinalwelle: Eska/Pierce
Abb. 3b:	Kugelschale: Pierce
Abb. 4:	Transversalwelle: Eska/Pierce
Abb. 5:	Sinusschwingung: Eska
Abb. 8:	Ton-Farb-Spirale: M. Bitterli, Schweiz
Abb. 14:	Das Ohr: Pierce
Abb. 15:	Chochlea – Gehörschnecke: Eska
Abb. 16:	Leben ist Schwingung: O. Schärli
Abb. 16a:	Asterix und Obelix: Goscinny
Abb. 17:	Stoffwechselkugel: Dr. A. Heinen n. Dr. Köhler
Abb. 20:	Harmonikales Klangbild: Jenny
Abb. 23:	Harmonikales Strukturempfinden: Konsonanzen: Pierce
Abb. 25:	Orpheus: Cousto/Pauschel
Abb. 26:	Klangbilder: A. Lauterwasser
Abb. 27:	Mikrovibration verschiedener Körperstellen: Bischof
Abb. 28:	Rotationen der Erde: A. Heinen n. Cousto/Pauschel
Abb. 29:	konkrete/nicht konkrete Frequenzbandbreite: Eska
Abb. 32:	Chakradarstellung nach Aura-Soma: Dalichow
Abb. 34:	Oktavierung – Schwingungsmuster: Cousto/Pauschel
Abb. 37:	Delphin-Amplitude: Eska
Abb. 38:	Grenzbildung durch Schwingung: A. Heinen n. Dr. A. Heinen
Abb. 39:	Frequenzspektren der Instrumente: Pierce
Abb. 40:	Die Hemi-Sync-Methode: Cousto/Pauschel
Abb. 40a:	Schwebung 1 Hz: Cousto/Pauschel
Abb. 40b:	Schwebung Alpha, Tageston: Cousto/Pauschel

Zur Autorin

Annegret Heinen

Jahrgang 1952, Studium der Pädagogik, Mitarbeit in der internistisch-naturheilkundlichen Praxis des Ehemannes Dr. med. Arno Heinen im organisatorischen wie therapeutischen Bereich, Mitentwicklung des Klangtherapie-Konzeptes, Klangberatung, Schulung, Seminarorganisation, Publikationen, Herstellung und Vertrieb

Zusatzausbildung:
- Bachblüten-Center Hamburg M. Scheffer
- Kurse und Seminare im Bereich Bioresonanz, Stoffwechseltherapie, Psychotherapie, Schwingungsmedizin

Selbständigkeit:
- 1995 IFG – Institut für Gesundheit
- 1997-2002 Piusona GmbH & Co KG
- Geschäftsführerin mit Funktion ‚Marketing, Seminarorganisation', Forschung, Entwicklung, Beratung auf dem Gebiet „Klangtherapie"
- 2002 Tätigkeit im Themenbereich Frequenz-/Klangtherapie mit dem eigenen VitaSon Konzept über das Institut für Gesundheit

Dr. med. Arno Heinen

Jahrgang 1949, Studium der Physik, Mathematik und Medizin, Facharztausbildung für Innere Medizin an der Universität Köln, 16 Jahre praktische Tätigkeit als Internist, 6 Jahre in Kombination mit Naturheilkunde, seit 2000 keine Praxistätigkeit, freier Mitarbeiter an einem „Frequenz"-Projekt des Fachbereiches „Theoretische Physik" der Universität Konstanz

Notizen

Notizen

Notizen

Notizen

Notizen